ANTJE THIERS · **SEELENZWILLINGE**

Über das Buch

Und am Ende bleibt Liebe nichts als Liebe.

Das vorliegende Buch ist ein Gemeinschaftswerk mit meinem Mann und Seelenzwilling Harald, unseren Seelenfamilien sowie meinem geistigen Team, allen voran Lazarus, meinem treuen Freund und Lehrer.

Es ist uns ein Anliegen, durch das Teilen unserer persönlichen Geschichte mit euch die Essenz dieser sehr besonderen Wachstumsverbindung begreifbar und erfahrbar zu machen.

Die Grundannahme hierbei ist, dass jedes menschliche Wesen einen Seelenzwilling hat, mit dem es gemeinsam wirkt. Dabei ist es unerheblich, ob unser Seelenzwilling inkarniert ist oder nicht, ob wir uns erinnern oder nicht.

Doch wenn eine irdische (Wieder-)Begegnung stattfindet, transformiert sie unser Leben grundlegend. So wird unser Seelenzwilling zum größten Liebeslehrer und Wachstumsinitiator für unser gesamtes Sein und Wirken. Wir können uns dem Magnetismus dieser telepathischen Verbindung nicht entziehen – Seelenzwillinge können nicht getrennt werden.

Der Sinn dieser Wachstumsverbindung ist ein enormer Quantensprung in einem gemeinsamen Forschungsfeld, der ohne die Begegnung nicht möglich gewesen wäre.

Auch über den Tod hinaus ist die Verbindung weiter wirksam und initiierend.

Antje Thiers

SEELENZWILLINGE

Für immer Eins.

Eine persönliche Wachstumserfahrung
jenseits der irdischen Dimension

Copyright: © 2024 Antje Thiers
Titelbild: © KI generiertes Bild, Vivatvanichkul, Sadukarn Nebula Background.
Galaxy in the universe. 3d rendering
Mitwirkende: Victoria Kaiser
Layout und Satz: Johanna Conrad, Buch&media GmbH, München
Verlag: BoD · Books on Demand GmbH, In de Tarpen 42, 22848 Norderstedt
Druck: Libri Plureos GmbH, Friedensallee 273, 22763 Hamburg
Printed in Germany
ISBN Paperback 978-3-7693-1846-3
ISBN Hardcover 978-3-7693-2112-8

Inhalt

Wir fliegen im Seelenland

Liebe kennt keine Grenzen
Liebe liebt, was ist
Liebe ist zwischen uns Menschen
Und Liebe nie vergisst
Für immer in Erinnerung
Verbunden tief im Herz
Auf ewig in der Dankbarkeit
Sie lindert deinen Schmerz

Wir fliegen im Seelenland
Wir fliegen im Seelenland
Vereint in der großen Weite
Wir fliegen im Seelenland
Wir fliegen im Seelenland
Geborgen in uns'rer Liebe

Liebe will dich nun finden
Sie erwartet dich
Liebe will den Weg weisen
Erinner dich an mich
Wir fliegen im Seelenland
Wir fliegen im Seelenland
Vereint in der großen Weite
Wir fliegen im Seelenland
Wir fliegen im Seelenland
Geborgen in uns'rer Liebe

Ich bin in dir
Du bist in mir
Wir sind eins zu zweit

Wir fliegen im Seelenland …

(Unser Seelenlied, komponiert von Ashika)

In ewiger Liebe
für meinen

Seelenzwilling Harald.

EINLEITUNG
Eine (Rück-)Erinnerung an unsere Liebe

Das Edelste, was ich dir schenken kann, ist,
mein Bewusstsein zu entwickeln.

(Rück-)Erinnerung – Eine Ode an die Liebe

Die Liebe kommt oft anders als gedacht und hat den einzigen Zweck, die Liebe in uns selbst zu erfahren. So geht es letztendlich nicht darum, geliebt zu werden, sondern tiefer als jemals zuvor zu lieben.
Dieses Werk ist ein Buch des Erinnerns an unsere immerwährende Verabredung auf Seelenebene – aus lauter Liebe. Unsere seelische Verbundenheit, an Einheit, an das All-Eins-Sein. Es gibt keine Trennung.

Wenngleich du mir auf einer zutiefst menschlichen Ebene unsagbar fehlst, durchfluten tiefste Dankbarkeit und Liebe, ja höchstes Glücksgefühl mein ganzes Sein. Sie verbinden sich mit der (Rück-)Erinnerung an unsere unerschütterliche Liebe, unseren jahrtausendealten gemeinsamen Weg.

Unsere Liebe hat mich so reich beschenkt. Die tiefste und höchste Dimension der Liebe, die wir gemeinsam erfahren durften, hat mein Leben zutiefst transformiert. Ich liebe.
Du bist und bleibst die lebendige Erinnerung an die wahrhaftige Liebe. In mir. Über deinen Tod hinaus.
Deine göttliche Präsenz fühle ich in mir. Du warst, bist und wirst immer ein Teil von mir sein, du lebst in mir weiter.
Es gibt keinerlei Trennung mehr, hier löst sich die Dualität auf.
Trennung ist eine Illusion. Aus unserer Erfahrung kann ich es fühlen. Aus Du und Ich ist Eins geworden. Und es war nie anders. Und gemeinsam in einem Körper geht unsere Reise weiter.
In Liebe eins. Für immer.

Es gibt keine Trennung – eine gemeinsame Erfahrung der Vollendung und Liebe jenseits der irdischen Dimension

Lazarus und Team wollen dir diese eine Botschaft auf verschiedenste Art und Weise immer und immer wieder vermitteln, bis sie dir vollkommen gewahr wird – bis du sie in Vollendung verkörperst.

Dualität ist eine Illusion eurer materiellen 3D-Bewusstseinsebene. Hier seid ihr seit Jahrtausenden verhaftet.

Bei Verabredungen zwischen Seelenzwillingen ist es materiell gesehen: ein Teil des Gleichen in zwei Hälften geteilt. Als Seelenzwillinge wirken wir aufeinander wie ein Superspiegel. Gemeinsam inkarniert und verabredet, um eine ganz spezifische Aufgabe miteinander zu meistern. Im kosmischen Sinne haben wir den gleichen Code, die gleiche Ausschüttungsposition innerhalb unserer Seelensippe. Wir sind uns gleich, klingt romantisch, doch in Wahrheit ist und bleibt es eine herausfordernde Wachstumsverbindung und zugleich zutiefst beglückende immerwährende Ode an die Liebe weit über den Tod hinaus.

Um diesen Anteil müssen wir uns nicht kümmern. Wenn wir uns als Hochhaus sehen würden, mit vielen unterschiedlichen Etagen, wäre er die Etage, um die wir uns nicht sorgen müssen. Diese Ebene ist unberührt, wunderschön und grenzenlos. Hier herrscht wie gesagt keinerlei Trennung, keinerlei Illusion, sondern grenzenlose Einheit und Verbindung.

Als inkarnierte Seelen im menschlichen Gewand befinden wir uns jedoch noch auf der materiellen 3D-Ebene. Auf dieser Etage unseres Hochhauses sieht es für uns ganz anders aus. Hier regieren Trennung, Verlust und Schmerz. Diese Etage hat etwas untröstlich Leeres. Hier fehlt uns unser Seelenzwilling für immer. Hier hat der Verlust des Seelenzwillings einen tiefen Graben in das Leben des überlebenden Seelenzwillings gerissen. Für manche unter uns für einen geraumen Zeitraum, für andere unter uns – für immer. Und es gibt eine Instanz in uns, unser Herz, in dem unser Seelenzwilling weiterlebt – für immer.

Meine Sehnsucht nach dem All-Eins-Sein war und ist in meinem Leben allzeit präsent. Mein seelischer Weg der Suche treibt mich dabei unaufhörlich voran. Ständig pendle ich zwischen den Polen der Unrast und des Antriebs hin und her. Du warst und bist (m)ein Katalysator auf diesem Weg.

Der Tag, an dem die Zeit stillstand

Heute endet unsere irdische Verabredung. Für mich ist dein plötzliches Ableben ein Déjà-vu. Ich sah es immer wieder vor Augen. Jedes Mal endete es so wie heute, über Jahrtausende hinweg. Unsere gemeinsame Zeit war kurz – viel zu kurz. Aus seelischer Sicht betrachtet jedoch vollkommen ausreichend. Die notwendigen Wachstumsimpulse wurden auf beiden Seiten vollzogen.

Ist das Leben nicht zuletzt deshalb so kostbar, weil es endlich ist? Weil uns diese Tatsache durch den Tod eines geliebten Menschen schlagartig bewusst wird, insbesondere wenn der Tod uns unerwartet trifft und wir uns nicht im Mindestmaß darauf vorbereiten können?
Ich frage mich immer wieder, wie kommen wir überhaupt auf die Idee, wir hätten noch so viel Zeit? Sind wir so grenzenlos hellsichtig?
Aus meiner eigenen Erfahrung kann ich wirklich behaupten, in Bruchteilen von Sekunden kann alles vorbei sein. Deshalb ist Zeit in meiner Wahrnehmung mittlerweile so unendlich kostbar.
Wie oft bin ich meinem Lehrmeister, dem Tod, bereits begegnet. Mir ist die Endlichkeit unseres irdischen Daseins zutiefst bewusst, mit jeder Faser meines Seins.
Wenn du dich auf den Weg der Liebe begibst, dann ganz. Es gibt keinerlei Kompromisse. Wenn unsere Seele unsere Worte empfängt, dann verändern sich Zeitlinien und Flugbahnen. Eine Entscheidung. Ein Commitment.

Deutlich höre ich noch die Frage meiner geliebten spirituellen Lehrerin: »Seid ihr bereit, für diesen Weg das Liebste, was ihr habt, herzugeben?« Erklärung: Auf dem spirituellen Weg ist es ab einem Zeitpunkt sinnvoll, die eigenen Anhaftungen loszulassen. Sofort wurde mir meine Anhaftung an meinen Liebsten bewusst. So dachte ich damals bei mir: Ich habe meinen Liebsten gerade erst kennengelernt. Wir gehen den Weg gemeinsam. Wir werden 120 Jahre alt und gehen Seite an Seite in die neue Zeit über. Dieser Kelch wird an mir vorüberziehen.
Zeit meines Lebens durfte ich mich mit dem für mich so unleidigen Thema des Loslassens auseinandersetzen. Wie oft schon hatte ich kurze

Zeit später hergeben dürfen, was ich gerade erst erhalten hatte. Materie ist und bleibt vergänglich. Doch gerade ihn, meinen Seelenzwilling, wollte ich um nichts auf der Welt hergeben. Wie naiv das doch aus meinem Getrenntheitsbewusstsein gedacht war. Die Seele hört zu. Immer.

Ja, den Weg der Liebe sind wir gemeinsam gegangen, und er führte uns über viele Berge und durch viele Täler. Zu lieben habe ich erst mit dir und durch dich gelernt – du warst und bist mein größter Liebeslehrer. Noch immer darf ich weiterlernen, tiefer zu lieben als jemals zuvor.
Was empfand ich insbesondere zwei Tage vor deinem Übergang für ein tiefes Glücksgefühl mit einer gleichzeitigen Botschaft meiner Seele. Sie klopfte mal wieder an, wie ich kurze Zeit später erfahren durfte.
Wie oft haben wir darüber gesprochen. Wie oft haben wir uns ausgemalt, wie es wäre, wenn der eine eher als der andere seinen Körper verlassen würde. Und doch fühlt es sich aus dem eigenen Erleben heraus noch einmal völlig anders an.

Du gingst zu einer Zeit, die besser für dich hätte nicht sein können, auf dem erneuten Höhepunkt deines Lebens. Wenn ich es mit einem Fest vergleichen würde, dann gingst du zu seinem schönsten Zeitpunkt.
So fing ich im ersten Schock kurz nach deinem Übergang zu schreiben an. Immer und immer wieder schrieb ich an dem *einen* Brief an dich. So konnte ich dir nahe sein und fand darin etwas Trost. Da du ein absoluter Perfektionist warst, änderte ich den Brief unzählige Male ab, verbrachte viele Stunden damit. Immer wieder wollte etwas dazukommen beziehungsweise sich verändern.
Auch wenn ich deine nichtphysische Existenz aus mir heraus spüre, fehlst du mir, du fehlst uns, und es gibt keine Worte dafür, dies ist jenseits von Worten.

Ein Teil in mir ist untröstlich, auch dafür gibt es keinerlei Worte. Überhaupt tun sich Menschen mit dem Tod schwer. Das habe ich nach deinem Übergang bemerkt. Es ist und bleibt ein Unterschied, ob man persönlich betroffen ist. Nachvollziehen kann es letztendlich nur, wer es selbst erlebt hat.

Liebe und Bewusstsein – bewusste Liebe

> *Ich schließe meine Augen in der gesegneten Gewissheit,*
> *dass ich einen Lichtstrahl auf der Erde hinterlassen habe.*
>
> LUDWIG VAN BEETHOVEN

Dein Tod ist nicht unser Ende, sondern der Anfang von etwas viel Größerem, als es uns zu Lebzeiten möglich gewesen wäre. Dein Übergang eröffnet völlig neue Welten der Liebe in mir.

Die Liebe kommt und die Liebe geht. So empfinden wir oft in unserem Leben. Wir empfinden Liebe zumeist, wenn wir uns verliebt fühlen. Wir empfinden, dass die Liebe verflogen ist, wenn diese Zeit vorübergegangen ist und unsere ersten und wichtigsten Wachstumsschritte anstehen. Doch wenn wir durch diese gegangen sind, ist in meiner persönlichen Wahrnehmung erst die Möglichkeit gegeben, wirkliche Liebe zu empfinden. Alles andere war Vorspiel. Eine Idee, ein Traum, ein Verliebtsein, eine Romanze, eine Körperlichkeit. Mit Liebe hat das jedoch weniger zu tun. Wir haben die Chance, unsere wichtigsten Lektionen miteinander zu lernen – eine gemeinsame Wachstumserfahrung zu teilen und unser wichtigstes Thema miteinander zu lösen. Ich sage nicht, dass dies einfach ist. Ganz im Gegenteil. Oft erfordert dies alles von uns. Doch danach stellt sich in uns eine Art von Liebe ein, die nicht von dieser Welt ist. Sie ist nicht außerhalb von uns.

Wenn die Liebe dich küsst, wenn sie dich wirklich küsst, sieht es oft nicht so aus, als ob sie dich küsst. Liebe ist kein Gefühl. Liebe ist ein Seinszustand, den ich erst erfahren habe – durch dich und mit dir. Als mein größter Liebeslehrer holst du mich immer und immer wieder zurück, wenn ich aus diesem Seinszustand herauskippe. Und dies kann im Laufe eines Tages immer wieder passieren, wenn Gedanken nicht geprüft werden. Unsere Liebe holt mich immer und immer wieder zurück. Das ist das allergrößte Geschenk. Du bist meine Erinnerung an die Liebe als meine stärkste Kraft – das ist meine Wahrheit.

Die Wahrheit wollten wir beide finden – die Illusion der Trennung aufheben. Du: durch das Schaffen deines irdischen Cosmic-Tower-Netzwerks und ich: durch mein nichtirdisches Bewusstseinsnetzwerk. Wir haben das Gleiche von unterschiedlichen Ebenen aus betrachtet und die Essenz dessen erfahren: Es gibt keine Trennung – alles ist miteinander verbunden – Teil des Ganzen in vereinzelter Form.
Lasst uns in die Einheit zurückkehren.

Es gibt keine Trennung. Auch der Tod kann uns nicht trennen.

DIE ESSENZ
Mein letzter Brief an dich

Du warst und bist der Schlüssel,
der perfekt passte.

Mein über alles geliebter Schatz, mein Herz aus Gold …

… unserer Liebe eine Stimme zu verleihen, unsere Liebe nochmals zu ehren, ist mir ein tiefes Anliegen.

Jedoch vermögen keine Worte dieser Erde das auszudrücken, was ich tief in meinem Herzen an Trauer empfinde, weil du, mein geliebter Schatz, dich entschieden hast, plötzlich und in meiner Welt viel zu früh deine Reise hier auf der Erde zu beenden. Mit anderen Worten – du fehlst mir, *sehr*.

Und gleichzeitig fühle ich in meinem Herzen unsere tiefe Liebe, unsere Verbindung, die kein Anfang und kein Ende kennt. Du wundervoller, über alles geliebter Mann und Seelenzwilling, Du wunderschöne Seele, du Herz aus Gold und Liebe meines Lebens.

Auf einer nichtmateriellen Dimension bist du für mich allgegenwärtig, hier gibt es keine Trennung für mich.
Der späte Nachmittag des 20. Juni 2023 änderte *alles*, wohlgemerkt in deinem wie in meinem Leben. Du gingst in die Transzendenz, und ich begab mich auf eine neue, tiefe Transformationsreise. Du nanntest deinen Übergang das Tor zur Freiheit.

Was empfand ich insbesondere zwei Tage vor deinem Übergang für ein tiefes Glücksgefühl mit einer gleichzeitigen Botschaft meiner Seele. Sie klopfte mal wieder an, wie ich kurze Zeit später erfahren durfte.
Unsere Seelen kannten unser gemeinsames Drehbuch. Und manchmal wollen wir es nicht wahrhaben, weil der Schmerz und die Ohnmacht des Unabänderlichen einfach zu groß sind. Es gibt im Leben keinen Status quo, wir können nichts, das der Vergänglichkeit unterliegt, und niemanden, der vergänglich ist, festhalten. Auch wenn wir uns es noch so sehr wünschen.

Wir hatten uns für diese Wachstumserfahrung miteinander verabredet. Dein Seelenplan für diese Inkarnation hier auf Erden war erfüllt. Deine Wachstumschancen hattest du in vielerlei Hinsicht vollkommen ausgelotet.

Vielleicht war mein Glücksgefühl auch ein Ausdruck der Erfüllung unseres gemeinsamen Auftrages, unserer Bestimmung – der Auflösung eines jahrtausendealten Karmas und deiner Erlösung aus diesem.

Ja, wir haben es am Ende gemeinsam geschafft. Am Ende bleiben Dankbarkeit und Liebe. Du hast es geschafft und konntest so die irdische Ebene verlassen. Wir sind für die Ewigkeit verabredet und ich werde dich finden. Auf der seelischen Ebene gibt es für mich keinerlei Fragen, wenn da nur die zutiefst menschliche Ebene des unsagbaren Schmerzes, der Ohnmacht nicht wäre. Wie wenig Zeit wir doch hatten.

Doch von einer höheren Ebene aus betrachtet war alles erfüllt. Du hast deine vergängliche Hülle, dein Körperkleid verlassen. Auch hast du deine vergängliche Persönlichkeit, das, was zu dir ich sagte, hinter dir gelassen. Heißt es nicht so schön, im Tod erkennen wir das Leben? Dein Übergang war plötzlich, rasend schnell und vor allem eines: öffentlichkeitswirksam. Mit fünf Stunden Vollsperrung und erheblicher Wartezeit, doch mit körperlicher Unversehrtheit aller Beteiligten. Du gingst, wie du lebtest. Du hast niemals halbe Sachen gemacht. Deine Devise war: Ganz oder gar nicht. Präzise von deiner Seele eingefädelt, wie dein ganzes Sein und Wirken hier auf Erden. Tränen laufen über mein Gesicht, Gänsehaut überflutet meinen ganzen Körper, während ich dies schreibe.

> *Wenn ich weiß, was Liebe ist, so ist es deinetwegen.*
> HERMANN HESSE

Lazarus meldet sich gerade zu Wort: »Das ist mit dem Kuss in den Nacken gemeint« (siehe Projekt Terra 2, Band 1).

Jede noch so kleine Mikroentscheidung verändert unsere Zeitlinie hier auf Erden. Wir stellen in Bruchteilen von Sekunden, von unserer schlafenden Persönlichkeit völlig unbemerkt, unsere Weichen, und manchmal endet mit dieser einen Entscheidung unsere Zeit hier auf Erden.

Unsere Seele ist hellwach und hört ganz genau zu – unsere Seele kennt den tieferen Plan. Wie vereinbart, so erfolgt.

Du warst und bist für mich mein größter Liebeslehrer, auch über deinen Tod hinaus. Für unsere gemeinsame intensive Liebes- und Wachstumserfahrung sind wir uns wiederbegegnet. Wie dankbar und voller Liebe ich doch bin.

Wie oft habe ich seit deinem Ableben all unsere schönen Momente nochmals erlebt – uns gemeinsam gesehen, gehört und gespürt. Deine Briefe gelesen, deine Sprachnachrichten und unsere Musik angehört, unsere Bilder angeschaut, dein Parfüm versprüht und mich in deine Kleidung gehüllt.
Wie oft wünschte ich mir, du wärest noch hier. Wir hätten beide noch viel mehr Zeit für die Umsetzung unserer gemeinsamen Visionen und Träume gehabt.
Wie oft haben wir über unsere gemeinsamen Übergänge in andere Dimensionen gesprochen und unsere Liebe jenseits aller Dimensionen.
Du bist mir in die Transzendenz vorausgegangen. Beide Dimensionen, die irdische und nicht-irdische, vereinen sich. Alles ist im Gleichgewicht. So wirken wir gemeinsam weiter. Als Eins.

Das Kennzeichen unserer speziellen Seelenzwillingsverbindung ist einerseits das Erschaffen von Lichtnetzwerken, andererseits die Herstellung von Verbindung zu Lichtnetzwerken, um damit zur Bewusstseinsanhebung beizutragen. Um sozusagen den Himmel mit der Erde zu verbinden und dadurch die Menschen an ihre wahre Herkunft zu erinnern.
Mit deinem Cosmic-Tower-Projekt, deinem tiefen Wissen über Gesundheit, Energie und weltliche sowie kosmische Zusammenhänge, deinen unzähligen Vorträgen weltweit hast du es zu Lebzeiten getan. Du hast ein weltumspannendes Netz geschaffen und tausende Menschen miteinander in Lichtnetzwerken verbunden. Du hast deine Mission mehr als erfüllt.
Am Anfang und am Ende unseres Lebens ist die Liebe unermesslich groß. Es geht ein Strahlen von uns aus, das mit Worten nicht zu beschreiben ist.

Unsere spezifische Aufgabe in dieser Inkarnation war, durch die Erinnerung an unsere Liebe unsere Herzen zu öffnen. Mein Herz ist durch

die Erfahrung deines plötzlichen Ablebens gebrochen, unermesslich auf-
gebrochen und fällt in den Schoß der Liebe, die mich mehr erfüllt denn
je. Du warst und bist der Schlüssel, der perfekt passte.

Mich erfüllen eine tiefe Demut und Dankbarkeit für dich, für uns.

Die Liebe und der Tod ändern alles

In meinem Herzen weiß ich heute, dass es zwischen uns einen tieferen
Seelenplan gab – und unsere Seelen ihn kannten: Wir haben uns genau
für deine letzte, vielleicht wichtigste Zeit und über deinen Tod hinaus
verabredet.

Kürzlich fragte mich meine Freundin: »Wenn du damals schon alles ge-
wusst hättest, hättest du dich dann auch auf alles eingelassen?«
Nachdem ich kurz überlegt hatte, doch nur aus dem Grund, weil mir
in den Sinn kam, dass unsere Heirat ja bereits den Beigeschmack deines
Todes innehatte, antwortete ich unvermittelt: »Ja.« Denn im Grunde genommen hatte ich mich in dem Wissen darauf eingelassen, dass unsere
gemeinsame Reise jederzeit zu Ende sein könnte, und natürlich habe ich
es anschließend verdrängt, und das war auch gut so.

Niemals hätte ich auf dich und unsere Liebe verzichten wollen. Auf all die
wunderschönen und auch herausfordernden Momente, die uns beide weit
über die Grenzen unserer beiden Egos hinausgetragen haben.
Als du kurz vor deinem Tod scherzhaft zu mir sagtest, ob es nicht am
besten wäre, dich selbst mit einer roten Schleife verpackt zu meinem dies-
jährigen Geburtstag zu verschenken, musste ich lachen. Doch wie immer
sagtest du seismographisch das Richtige voraus – wäre es doch in der Tat
mein allerschönstes Geschenk gewesen.

Wachstumsverbindung – Gemeinsam sind wir den herausfordernden Weg der Liebe gegangen

Wir hatten wenig Zeit und wir haben sie genutzt. Bei uns ging alles im Eiltempo: Vom Kennenlernen bis zu unserer Heirat waren es gerade einmal zweieinhalb Monate.

Für mich ist dabei die Quantität unserer Zeit nicht von Bedeutung, sondern einzig und allein, wie berührend unsere Wachstumsbegegnungen im wahrsten Sinne des Wortes waren. Sie waren von einer derartigen Tiefe, Liebe und transformatorischen Intensität getragen, die alles Bisherige in meinem sowie auch deinem Leben sprengten.

Wir hatten beide sehr gute Freunde und eine wahrlich meisterliche Lehrerin in deren Hände wir unsere Liebe legten. Wir waren beide bereit, für unsere Liebe über unsere Egos hinauszuwachsen – wir haben uns nicht geschont und waren unsere hartnäckigsten Liebeslehrer. Am Ende konnten wir die Früchte unserer Arbeit ernten, wir haben das Wunder unserer Liebe wahrgemacht.

Ich habe durch dich gelernt, tiefer zu lieben und wahrhaftiger zu sein als jemals zuvor. Ich bin unendlich glücklich, dass ich mit dir eine Dimension der Liebe erfahren durfte, wie ich sie mir ein Leben lang gewünscht habe.

Wenn ich unsere Liebe beschreiben müsste, dann würde ich sie als rein, tief, ehrlich und unzerstörbar bezeichnen. Uns kann niemand trennen – auch über den Tod hinaus besteht unsere tiefe Verbindung weiter.

Ich bin sehr glücklich darüber, dass du in der tiefen Gewissheit gegangen bist, auch wahrhaftig geliebt worden zu sein. Dein Herzenswunsch und deine Sehnsucht hatten sich am Ende deines Lebens erfüllt.

Auf dem Weg der Liebe geht es letztendlich genau darum.

Deine Seele wusste, dass der Abschied naht – Botschaften der Liebe und Dankbarkeit

Drei Tage vor deinem Übergang schenktest du mir anlässlich meines nahenden Geburtstages im Voraus ein Lied und sagtest folgende Worte dazu:

Ich fand auch den Text sehr schön, bis auf die Stelle, wo es um Abschied geht. Es hat mich tief berührt und spricht mir aus der Seele. So viel Nähe, so viel Verbundenheit. Wollte ich dir schenken, eigentlich zum Geburtstag.

Zu diesem Zeitpunkt wusste ich noch nicht, dass es dein Abschiedsgeschenk an mich sein und wie viel Kraft es mir noch schenken würde. Wie oft hatten wir miteinander darüber gesprochen, Lazarus und Team eindrücklich mitgeteilt, dass du, mein Schatz, in Balance kommen sollst, endlich Pause machst. Im Übrigen hat das jede und jeder in deinem nächsten Umfeld getan. Doch du warst einfach nicht zu bremsen, so herrlich eigen, das eine Ohr konnte nicht hören und das andere Ohr wollte es nicht hören. Es hörte einfach weg.

Es war wie immer viel zu tun und alles lief anscheinend nach Plan. Eine unglaubliche Müdigkeit begleitete dich. Tausende Kilometer lagen zu diesem Zeitpunkt wieder einmal hinter dir. Wenn es um deine Mission ging, konnte nichts und niemand dich stoppen. Ich kenne niemanden, der auch nur ansatzweise deine Disziplin hatte. Vielleicht, das denke ich im Nachhinein, weil du wusstest, du hattest nur begrenzt Zeit.

Du warst auf dem Rückweg von deiner letzten Tour quer durch Spanien, als du mir am 20. Juni kurz nach Mitternacht von Frankreich aus erneut dazu schriebst:

Mein wertvollster, mein allerliebster Schatz,
ich bin dir sehr, sehr dankbar und
ICH LIEBE DICH!

Mich erfasste ein unglaublich warmer Schauer des Glücks. Ich fragte dich: Woher kommt das? Du schriebst mir daraufhin folgendes Liedzitat:

Es gibt so viele Arten, auf die ich dir sagen will, dass ich dich liebe.

Und weiter:

Ich höre mir das Lied gerade als Dauerschleife an und es spricht mir sooo aus dem Herzen! Ich kann es mit eigenen Worten kaum treffender ausdrücken. Ich muss ständig an dich denken, ich freue mich einfach riesig, was für eine wundervolle Frau und welch großartigen Schatz ich an meiner Seite habe! Es ist ein wunderschönes Gefühl, eine so traumhafte Partnerin zu haben, eine Frau, der ich grenzenlos vertrauen kann und der ich mich so unglaublich nahe und verbunden fühle, einfach so, wie ich es mir ein Leben lang immer vorgestellt und gewünscht habe. Ich liebe es und ich liebe dich, meine wundervolle Frau, einfach über alles, und zwar unzertrennlich, für immer!

Es war deine letzte Nacht. Im Nachhinein betrachtet war deiner Seele bewusst, es würde deine letzte sein. Du hast dich verabschiedet, weil du es wusstest.

Unser irdischer Plan – die Verbindung unserer Forschungsaufträge

»Und wenn du Gott zum Lächeln bringen möchtest, dann mache einen Plan« – heißt es nicht so schön? Wir hatten einen irdischen Plan und gemeinsam noch so viel vor. In deiner allerletzten Sprachnachricht sprachst du davon:

Du ziehst genauso durch wie ich, und wenn wir erst mal zusammenziehen, in jeder Hinsicht, dann haben wir noch mehr Zeit für uns und können auch gemeinsam in die Welt rausgehen als Kommentatoren, oder als Lichtbringer, als Botschafter. Das wird uns beiden guttun und viel Freude machen, und ich denke wirklich, wir können was bewegen, absolut einfach unübertrefflich, würde ich mal schildern, wenn zwei solche verrückten, grandiosesten Menschen als Paar das sogar noch gemeinsam machen.

Wenn ich bedenke, mein Schatz, was du so ganz nebenbei in deiner Mission geleistet hast, kann ich sagen: Keiner ist wie du – du warst in dieser Art einfach unübertrefflich. Und vielleicht wusstest du tief in dir drin, dass deine Zeit hier begrenzt ist. Ich fühle mich so unglaublich gesegnet, dass wir die letzten Jahre deines irdischen Daseins gemeinsam gegangen sind.

Gemeinsamkeiten

Wie sehr wir uns auch äußerlich unterschieden, im Inneren waren wir uns in vielerlei Hinsicht sehr (manchmal zum Teil auch erschreckend) ähnlich. Wir haben uns auf perfekte Art und Weise ergänzt. Du warst wie mein Superspiegel, dem ich nicht entrinnen konnte.
Du liebtest das scheinbar Unmögliche, es forderte dich geradezu heraus. Ja, du liebtest es, Unmögliches möglich zu machen. Für dich lief stets alles nach Plan, selbst wenn es nicht so lief. Es gab für dich keinerlei Grenzen. Wie ein einzelner Mensch das schaffen kann, was du in so kurzer Zeit geschaffen hast, das war nicht nur für mich einfach unglaublich. Du machtest einfach alles um dich herum groß.
Was dich jedoch selbst betraf, warst du eher bescheiden. Du wirktest im ersten Moment zurückhaltend, ruhig und neutral. Doch wer dich kannte, wusste um deinen tiefgründig-sensiblen Fein- und Freigeist mit einer Brise Humor und einer großen Portion Leidenschaft. Vielleicht war diese Kombination das Geheimnis deiner Anziehung sowie deines Erfolges. Für mich war es genau diese Mischung. Wenn du ein Baum wärest, dann auf jeden Fall eine Deutsche Eiche.
Und wir führten keine normale Ehe, vielleicht, weil wir beide solche Freigeister und selbst alles andere als normal waren und sind. Was jedoch Treue, Loyalität und Ehrlichkeit betrafen, hatten wir beide grundlegende Ideale, die wir lebten. Du warst einfach nicht zu bremsen, bis zum Schluss, du machtest einfach alles mit und warst für jede Verrücktheit zu haben.

Auch unser Humor und Sarkasmus, mein Schatz, waren einfach legendär, genauso wie unsere Wortspiele. Wir alberten gerne rum, neckten uns, waren unfreiwillig komisch, und du hattest immer einen Witz auf

Lager. Ob unsere Bücher Kassenschlager geworden wären? Bücher wie
»Die Thiers – Ein tierisches Vergnügen – Szenen einer Ehe«? Wer weiß
das schon.

Unsere »Kuschel-Leidenschaft« war unsere persönlichste Therapie – dieses
Detail kann ich einfach nicht weglassen.

Wir hatten so viele gemeinsame Interessen, teilten unser Wissen, unsere
Musik und tanzten gemeinsam so gern. Und: Wir beide haben sehr gern
gewonnen und ungern verloren – wenn wir spielten, war das einfach herrlich.

Und wir waren immer für eine Überraschung gut, doch das größte Über-
raschungspaket warst du selbst.

Noch zu erwähnen wäre unser Streben nach Verbesserung und Perfek-
tion, das manch einen auch zur Verzweiflung brachte, insbesondere uns
selbst.

Überhaupt hattest du einen sehr einfachen Geschmack, warst, frei nach
Oscar Wilde, stets mit dem Besten zufrieden – wie ein Trüffelschwein er-
spürtest du auf der ganzen Welt das Beste.

Deine Augen und meine Ohren haben sich perfekt ergänzt. Was ich nicht
sehen konnte, sahst du, und was du nicht hören konntest, hörte ich.

Die Liebe als stärkste Kraft

> *Das Charakteristische an dieser Welt ist ihre Vergänglichkeit –*
> *unsere Erinnerung an die Liebe hingegen bleibt. Für immer.*

Was wir allein nicht schaffen, das schaffen wir gemeinsam – du sagtest
einmal: »Du möchtest nicht mehr, dass dich dein Ego beherrscht. Du
wolltest dein Ego meistern. Am Ende bist du über deine persönlichen
Grenzen hinausgegangen, hast dabei dein Herz für die Liebe weit geöffnet.«

Du bist im wahrsten Sinne des Wortes aufgewacht und hast dich von
deinem Karma befreit. Am Ende hat dein Herz die Führung über-

nommen. Du hast dein Ego gemeistert. Lassen wir dich erneut selbst zu Wort kommen:

Ja, mein Liebling, und ich bin dir sehr, sehr, sehr, sehr dankbar für alles, für deine Geduld, für deine Konsequenz, deine Gradlinigkeit, ja auch dein Durchhaltevermögen und deine Loyalität, es ist einfach eine traumhafte Kombination und passt natürlich zu mir. Wer sollte sonst in der Lage sein, mich aus so einem gewissen Tiefschlaf an der einen Stelle, du weißt schon, wieder aufzuwecken? Das schafft nur jemand mit Beharrlichkeit, mit Liebe, mit Hintergrundwissen, mit Gefühl, mit Spürsinn. Ja, das ist mit Worten kaum zu beschreiben, das ist einfach ein herrliches Gefühl! Ja, das ist auch so unheimlich verbindend. Ja, wunder-, wunder-, wunderschön!

Deine Seele ging befreit nach Hause. Aus seelischer Sicht war es vom Schönsten.

Wir haben uns für den Weg der Liebe verabredet. Auch wenn unsere irdische Zeit endlich ist, ist das längst nicht das Ende. Unser gemeinsamer Weg auf Seelenebene ist unendlich.
Unsere Seelen haben durch unsere Begegnung auf irdischer Ebene einen enormen Wachstumsschub erfahren, dieses Bewusstsein nehmen unsere Seelen jenseits dieser Inkarnation mit.
Ich bin dir unendlich dankbar – für alles. Ich fühle mich so reich beschenkt und unendlich gesegnet. Unsere Begegnung hat mich tiefer mit meiner Liebe in Verbindung gebracht. Durch uns habe ich erfahren: »Die Liebe ist die stärkste Kraft.«
Unsere Seelen sind wiedervereint. Wir sind miteinander verschmolzen – ich werde dich, wo immer du auch weilst, wiederfinden.
In ewiger Liebe

THE IMPOSSIBLE DREAM
Dein Lebenswerk und Vermächtnis

Wenn man nur kommuniziert, kommt man zurecht. Aber wenn man geschickt kommuniziert, kann man Wunder bewirken.

The Impossible Dream / Der unmögliche Traum

Den unmöglichen Traum zu träumen,
Gegen den unschlagbaren Gegner zu kämpfen,
Den unerträglichen Schmerz zu ertragen,
Dorthin zu gehen, wo der mutige Krieger
sich nicht hin traut

Das ungerecht Falsche richtigzustellen,
Weitaus besser zu sein, als du bist
Es zu versuchen, wenn deine Arme zu erschöpft sind,
Den unerreichbaren Stern zu erreichen

Das ist mein Streben, dem Stern zu folgen
Nicht wichtig, wie hoffnungslos,
Nicht wichtig, wie weit,
Bereit sein zu geben,
Wenn da nichts mehr zu geben ist,
Bereit sein zu sterben,
Damit Ehre und Gerechtigkeit leben können

Und ich weiß,
Wenn ich nur ehrlich nach diesem Herrlichen strebe,
Mein Herz friedvoll und still ruhen wird,
Wenn ich mich zur Ruhe lege

Und die Welt wird besser sein,
Wenn ein Mann verachtet und bedeckt mit Narben,
Weiter eifert, mit seinem letzten Fünkchen Mut,
Den unerreichbaren Stern zu erreichen.

JOE DARION & MITCH LEIGH:
THE IMPOSSIBLE DREAM (»THE QUEST«)

Deine Mission

Ein Fels in der Brandung warst du, unerschütterlich und mutig.
Ein Leuchtturm, der jedem Sturm trotzte, bis zum Schluss.

Deine Mission war groß, du warst ein Forscher und Wahrheitssuchender. Mehr als 20 Jahre hast du dich intensiv mit den Themen alternative Gesundheit, feinstoffliche Energien und insbesondere auch mit all jenen Dingen, die jenseits der Massenmedien lagen, beschäftigt. Du wolltest die Wahrheit »hinter den Kulissen« ans Licht bringen und damit die Menschen zum Aufwachen anregen. Den Anstoß dazu gab die Suche nach Heilung deiner damaligen gesundheitlichen Probleme. Das Cosmic-Tower-Projekt bildete den Höhepunkt der im Jahr 2007 begonnenen Entwicklung von Geräten, die vor krankmachender Strahlung schützen. Durch die Unterstützung vieler aufgewachter und oftmals selbstlos mithelfender Menschen wurde ein großes Netzwerk erschaffen.

Du wolltest nichts Geringeres als dazu beitragen, die Menschheit zu befreien. Und du hast viele Menschen auf deine Weise befreit. Ja, du hast Unmögliches möglich gemacht. Für dich gab es keine Probleme, sondern einzig und allein Lösungen. Dein Streben war es, deine Mission bestmöglich zu verwirklichen, gemeinsam mit zutiefst ehrlichen, loyalen und bewussten Menschen – du fandest sie. Nochmals: Ich kenne keinen verrückteren Haudegen (das waren deine Worte) als dich. So passte auch deine Hymne »The Impossible Dream« (The Quest) perfekt zu dir.

Auch wenn du durchaus streitbar warst, weil du, mein Schatz, wir wollen es einmal nett formulieren, sehr eigen warst (diese Formulierung mochtest du so gern), liebte ich dich gerade dafür. Ohne deine Unaufhaltsamkeit, deine Geradlinigkeit, deinen Mut, deine Zielstrebigkeit und deine Disziplin hättest du niemals in so kurzer Zeit erschaffen können, was du in deinem Leben und speziell in deinen letzten Jahren erschaffen hast. Du warst geradezu beseelt von deiner Mission und hattest die höchsten und wertvollsten Beweggründe. Du warst auf natürliche Weise so überzeugend, weil du deine Mission zu 100 Prozent lebtest und verkörpertest. Du warst bereit, alles zu geben, sogar dein Leben, und du hast es gegeben. Wo immer du warst – du hast mit deinem Wissen überzeugt, tausende Menschen begeistert, aufgeklärt, Hoffnung und Liebe verbreitet. Du hast unendlich vielen Menschen selbstlos geholfen. Du wolltest die Menschen retten und du hast es getan. In größter Not warst du für sie da. Du warst ein Mann der Worte und der Taten – bis zum Schluss.

Dein Cosmic-Tower-Netz ist weltumspannend und trägt deinen Namen auf seiner Stirn. Du hast unvergleichliche Spuren hinterlassen. Du hast deine Mission auf deine Weise mehr als erfüllt.
Viele Menschen vermissen dich, und ich weiß tief in meiner Seele, dass du aus einer anderen Dimension weiter wirkst. Du bist präsenter als je zuvor.

Das Cosmic-Tower-Netzwerk

Die Tower können Menschen in absolute Selbstermächtigung bringen. Sie können ihre eigene Energie auf wunderbare Weise verstärken, auf sehr feinstoffliche Weise. Dies geht jedoch nur mit einer reinen Absicht und mit einer unerschütterlichen Klarheit. Klarheit, Liebe, Heilung, Reinheit sind die Attribute, wenn es in deinem Zusammenhang geschehen darf, nicht mehr und nicht weniger.
Das Projekt, und das betonen wir immer wieder, ist an dich und an niemand anderen gebunden.
Jedes Wesen, das Teil des Netzwerkes ist, ist in der Lage, in die eigene Selbstermächtigung und damit in die eigene Freiheit zu kommen. Erkenntnisprozesse, Bewusstseinsanhebung und dadurch Verstärkung der eigenen Energie – durch sich selbst. Das ist wahre Selbstermächtigung, die durch das Zusammenwirken mit den Towern entsteht. Es sind tausende Seelen, die mithelfen, es sind tausende Wesen, die mithelfen, und wir gehen noch weiter. Es sind Myriaden von Wesen, die hier mithelfen, die interessiert daran sind, dass sich dieses Energiefeld-Netzwerk verstärkt, vergrößert, erweitert, im Menschen wie durch die

Tower. Jedes Wesen, das einen Tower erwirbt, verbindet sich auch mit dem Tower und verstärkt wiederum das ganze Feld. Heilung geschieht auf energetische, feinstoffliche, sehr, sehr feine Art und Weise, sozusagen in hohen, je nach Towergröße homöopathischen Potenzen. Es ist das Wirkprinzip der Homöopathie im übertragenen Sinne. Dankbarkeit, Liebe und Demut helfen dem Netz, ebenso wie die Klarheit, sich auszurichten.

Klare Intention von Haralds Seele:

Möge das Cosmic-Tower-Netzwerk heilsam wirksam sein,
ein kraftvolles Liebesfeld aufbauen zum Wohle aller.

Dies reinigt, klärt alle Absichten und gibt als Möglichkeit Licht, viel Licht ins Feld. Diese Intention verstärkt das Gute im Netzwerk. Ihr seid ein Sternen-Volk, das sich mit Lichtenergie, mit Lichtnetzwerken auseinandersetzt. Vernetzung ist hier ein Wort – Architekten des Kosmos eine andere Metapher. Gib Liebe, Klarheit und Heilung in das Netz. Stell dir eine riesige Lichtkugel vor, die das ganze Netzwerk umspannt. Heilung, Liebe und Klarheit fließen hinein. Licht kann alles Dunkle erleuchten. Es ist das Licht der Zentralsonne, der Ort, woher du ursprünglich auch kommst, geliebtes Wesen.

Reinheit, die Klarheit in der Absicht und die Liebe sollen euch führen.

Weiterführung deines Vermächtnisses

Die Dahingegangenen bleiben mit dem Wesentlichen, womit sie auf uns gewirkt haben, mit uns lebendig, solange wir selbst leben. Manchmal können wir sogar besser mit ihnen sprechen, uns besser mit ihnen beraten und uns Rat von ihnen holen als von Lebenden.

HERMANN HESSE

Nach deinem Ableben habe ich allzu deutlich wahrnehmen können, dass es dein Projekt war, welches durch dich gelebt hat – durch deine große Vision, dein ganzes Wesen sowie deinen unerschütterlichen Unternehmergeist. Es ist dein Kind und trägt deinen Namen auf der Stirn.
Es hat deine energetische Signatur, deine Bewusstseinssignatur und ist nicht beliebig austauschbar.

Insbesondere möchte ich dir sagen, dass deine Mädels, wie du deine Engel nanntest, wirklich so grandios sind, wie du es immer sagtest. Sie waren in der Zeit nach deinem Übergang (m)ein persönlichstes Geschenk. Einen Engel möchte ich stellvertretend für alle besonders hervorheben, deine rechte und linke Hand Stephie. Sie liebtest und schätztest du ganz besonders. In meinem Leben bin ich selten solch einem gradlinigen, loyalen, zutiefst ehrlichen Menschen begegnet – sie passt einfach perfekt zu deinen Idealen.

Und natürlich gab es an deiner Seite zahlreiche Freunde, Weggefährten, Haudegen und viele selbstlose Mitstreiter. Ohne ihre Mithilfe wäre dein Erfolg nicht möglich gewesen. Dank ihnen lief es fast immer nach Plan, und wenn es einmal nicht danach lief – lief es für dich auch nach Plan. Deine Motivation und Hingabe waren schier grenzenlos. Du hattest ein großes Ziel.

Es war einfach ein Gesamtkunstwerk, das du mit ihnen gemeinsam in Stein gemeißelt hast. Was gemeinsam möglich ist, wenn alle an einem Strang ziehen, wie du immer so schön sagtest, habt ihr gezeigt.
Dein beeindruckendes Lebenswerk und dein Vermächtnis werden für immer Spuren hinterlassen. Du hast den Weg für ein neues vernetztes Miteinander geebnet, genauso, wie du es nach deinem Übergang mitteiltest:

Hadert nicht mit meinem Weggang, sondern führt auf eure Weise fort, was ich einst begonnen habe.

Kleine Anekdoten

Die liebe Zeit

Keiner konnte so herrlich zu spät zu seinen Vorträgen kommen wie
du (was natürlich nicht immer geschah). Während alle warteten, hattest
du wie immer gerade noch hinter den Kulissen viel zu tun. In
Holland zum Beispiel standest du einmal pünktlich zu Beginn deines
Vortrages mitten auf dem Marktplatz und nicht, wie geplant, im
Vortragsraum – du wolltest noch »kurz« etwas besorgen. Wir telefonierten,
weil ich dir viel Erfolg wünschen wollte und mich wunderte,
dass du noch nicht begonnen hattest.

Du hattest wirklich wenig Zeit, dein Auto war meistenteils dein
Büro, alles war sekündlich getimt, und manchmal kam das Leben
einfach dazwischen. Es galt immer etwas zu regeln oder ein Gespräch
zu führen, das spontan aufgekommen war und wieder einmal »etwas«
länger dauerte. Wenn dann wieder einmal alle auf dich warteten und
du zur Tür reinkamst – warst du unglaublich entspannt, hast wieder
einmal in Ruhe und Gelassenheit deinen Laptop angestöpselt und so
getan, als ob nichts gewesen wäre. Dann kam meist ein kleiner Witz
und es ging los. Ja das warst du. Da du jedoch so warst, wie du warst,
nahm dir (fast) niemand die Wartezeit übel.
Alle, die dich kannten, kannten dieses Phänomen. In unserem ersten
gemeinsamen Urlaub durfte ich erfahren, dass auch Urlaub immer
mit deinem Projekt verbunden war. Wenn du in deinen Vorträgen
einen eher hartnäckigen Kritiker hattest, konntest du ihn einfach
mit Argumenten plattmachen – ja, du konntest unaufhörlich, ohne
Punkt und Komma reden.

Live und in Farbe

Ich wage es ja kaum zu schreiben, dass ich bis kurz vor Schluss auf
keinem deiner Vorträge war. Schließlich hatte ich dich ja live und in
Farbe, und dein Wissen teiltest du schließlich nonstop mit mir. Du

hattest dir immer gewünscht, dass ich an deiner Seite bin – wie du sagtest: am liebsten 24/7.
Dein Wunsch sollte sich im April 2023 erfüllen. Ich durfte einer deiner Vortragstouren in Polen beiwohnen und dich so zum ersten Mal neu erleben.

Einmal war dein Vortrag nach einer polnischen Vorrednerin angesetzt, die über zwei Stunden lang sprach. Ich hatte kein Wort verstanden und bei mir gedacht: Gott sei Dank muss ich jetzt nicht reden. Die Energie war zu diesem Zeitpunkt etwas in den Keller gesackt. Und was machtest du hingegen? Du bist seelenruhig aufgestanden, hast deinen Laptop eingestöpselt und hast erst einmal einen Witz gemacht – bevor du pures Wissen, kurzweilig verpackt, präsentiertest. Ich hatte nicht gedacht, dass du dein Wissen so unterhaltsam teilst. Auch kritische Stimmen brachten dich hier nicht aus der Ruhe. So lernte dich nochmals ganz anders kennen und war einfach von dir begeistert.

Ich muss dazu sagen: Da ich selbst tausende Seminare und Vorträge gehalten habe, bin ich durchaus kritisch und nehme nie ein Blatt vor den Mund – doch hier war ich restlos angetan. Auch von der Tatsache, dass du dich immer bis kurz vor Beginn deiner Vorträge mit anderen Dingen beschäftigt hast – doch zum Zeitpunkt des Betretens der Bühne 100 Prozent on warst. Du bewegtest dich einfach in einem anderen Space. Das Wissen floss unaufhörlich aus dir heraus. Wie oft höre ich dich immer noch in meinen Ohren und teile wortwörtlich mit, was du geteilt hast.

Nach deinem Übergang kommt es mir so vor, als ob ich an deiner Stelle – mit deinen Worten – Wissen teile.

Ich habe viel gelernt von dir.

SEELENZWILLINGSVERBINDUNG
Dreamteam und intensive Wachstumskatalysatoren

Gott wirkt die Zeit nicht nur im Kosmos, sondern auch im Innersten der Seele. So ist die Gegenwart eigentlich eine seelische Erfahrung. Die Vergangenheit ist ein Erinnerungsbild der Seele, und die Zukunft lebt nur in unseren seelischen Erwartungen. Die gewöhnliche Zeit dagegen ist ohne Sinn und einfach nur vergänglich. Sie verschwindet, wenn die Seele mit dem Absoluten eins wird.

AUGUSTINUS

Die Elemente einer Seelenzwillingsverbindung

1. *Erste Verabredung bei Ausschüttung*: gemäß gleicher Ausschüttungsposition / gleichem Code im kosmischen Gefüge. Gleicher Forschungsauftrag der Seelen innerhalb eines Verbundes von 7 Seelenfamilien = Seelensippe.

2. *Ereignis Wiederbegegnung*: Das Arrangement beider Seelen, Seelenfamilien, Synchronisation der Puzzleteile, Auslöser und Initiation.

3. *Gemeinsamer Forschungsauftrag – der eigentliche Zweck der Begegnung*: Was nach dem Honeymoon kommt. Festigen der Verbindung und erstmalige Konfrontation mit dem Wachstumsthema. Auch das Kernthema der seelischen Verbindung, was einst verabredet wurde.

4. *Wachstums- und Arbeitsphase*: Intensive Interaktion und Auseinandersetzung mit dem Arbeits- und Wachstumsthema. Das ist die eigentliche Arbeitsaufgabe der gemeinsamen Verbindung. Eine wahrhaft herausfordernde Zeit.

5. *Initiation – Ereignis des Durchbruchs*: Der entscheidende Auslöser und Wachstumsschritt, verbunden mit der Auflösung des Wachstumsthemas, ein In-Balance-Kommen.

6. *Vollendung*: Übergangs- und Auflösungsprozess mit gleichzeitiger Integration der fehlenden Elemente des jeweils anderen Seelenzwillings. Dieser Prozess kann Jahre bis Jahrzehnte andauern, längstens bis ein Jahr nach Wechsel der Dimension eines Seelenzwillings. Die Integration ist nunmehr abgeschlossen. Es gibt keinerlei Trennung mehr zwischen beiden Elementen. Aus zwei Teilen wird eine Einheit.

7. *Fortsetzung gemeinsamen Wirkens*: Es wird gemeinsam fortgesetzt, was gemeinsam zu Lebzeiten begonnen wurde, als eine Einheit. Es gibt keinerlei Trennung mehr. Die Fortsetzung erfolgt einerseits in Verbindung beider Ebenen als Eins oder als gemeinsames Wirken auf irdischer Ebene. Gemeinsam wird vollendet.

8. *Bis zur nächsten Wiederbegegnung*

Die Seelenzwillingsverbindung, auch Dualseele genannt, ist eine Verbindung auf Expressionsebene. Sie müssen sich einander mitteilen und dadurch auch der Welt etwas mitteilen. Ausdruck ist ihre Stärke. Sie kommunizieren bewusst oder unbewusst ständig miteinander. Sie sind unablässig auf mentaler Ebene miteinander verknüpft (Telepathie, Gedankenkopplung oder Träume). Sie haben oft einen ganz eigenartigen Humor miteinander, den kaum ein anderer teilen kann. Sie müssten im Grunde genommen nicht miteinander reden, und doch tun sie es so gern in befruchtenden Diskussionen und konstruktiven Streitereien mit dem einen Ziel, dass die geistig-seelische Entwicklung entschieden gefördert wird. Ohne diese fruchtbaren Konflikte können sie sich nicht weiterentwickeln.

Sich zu akzeptieren und abzulehnen,
sich zu idealisieren und in Zweifel zu ziehen,
einander zu gestalten und zu beraten, das ist ihre Bestimmung.
VARDA HASSELMANN & FRANK SCHMOLKE (»DIE SEELENFAMILIE«)

Auch auf nichtirdischer Ebene reißen ihr Kontakt sowie ihre Auseinandersetzung nicht ab. All das dient ihrer Bewusstseinsentwicklung. Dualseele beschreibt das Gemeinsame, zugleich ist die äußerliche Manifestation oft auffällig verschieden. Erst zusammen bilden sie eine energetische Einheit, aus zwei dualen Aspekten – zwei Hälften der gleichen Medaille. Jede und jeder von ihnen hat eine Individualseele. Sie ergänzen sich nicht nur, sondern vervollständigen gegenseitig ihre fehlenden Elemente. Jede der gemachten Erfahrungen wird gegenseitig auf direktem energetischen Weg übertragen.

Seelenzwillinge sind sozusagen nicht nur sie selbst, sondern auch die / der andere und leben auch das Leben der / des anderen – mit allen Gefühlen und Handlungen. So existieren wir für uns und unseren Seelenzwilling. Es findet ein unablässiger Informationsaustausch auf allen Ebenen statt. Die entwicklungsfördernden Konflikte zwischen Seelenzwillingen beziehen sich nicht auf Äußeres, sondern auf Inneres. Sie machen die gleichen Erfahrungen aus einer anderen Perspektive, damit sind sie komplementär.

Die Seelenzwillingsschaft führt durch jene Anteile, die das Gemeinsame in den Vordergrund des Erlebens rücken, zu einer zunehmenden Verschmelzung. Dualseelen haben stets eine Neigung zu symbiotischem Verhalten und zur Angleichung ihres Lebensatems. Daher müssen Seelenzwillinge, die aus tiefstem Impuls ineinander fallen möchten, um sich niemals wieder zu trennen, um zur Verständigung kein Wort mehr miteinander reden zu müssen, um alles gemeinsam tun zu können, fast übermenschliche Anstrengungen unternehmen, um gleichzeitig ihre Individualität, ihre faktische Getrenntheit zu spüren, zu leben, zu erkennen und zu manifestieren. Dies ist es, was zu den fruchtbaren Konflikten führt, denn wenn nicht jeder sowohl das Gleiche als auch das Andersartige am Seelenzwilling liebt, respektiert und akzeptiert, wird diese Verbindung nicht die Früchte hervorbringen können, die sie im Idealfall trägt.
VARDA HASSELMANN & FRANK SCHMOLKE (»DIE SEELENFAMILIE«)

Kennzeichen der Seelenzwillingsverbindung

Hohe Intensität und gleichzeitige Spannung.

Lazarus und Team antworten darauf (siehe auch Projekt Terra 2, Band 2):

Es gibt so viele Irrungen und Wirrungen rund um dieses Thema, der speziellen Form von Beziehung von Seelenzwillingen (auch Zwillingsseele, Dualseele genannt), insbesondere in Bezug auf die Kennzeichen, die Art von Begegnung, den Inhalt sowie die Form von speziellem Miteinander-in-Interaktion-Treten. Hier besonders erwähnenswert sind romantisierte Formen.

Alle diejenigen unter euch, die diese spezielle Form von Begegnung und Verbindung mit eurem Seelenzwilling, mit dem zweiten Teil eurer Medaille, mit dem euch ergänzenden Anteil bewusst gewählt haben, haben in dieser speziellen Form miteinander eine bestimmte Vereinbarung vor

Inkarnation getroffen, um einen entscheidenden Wachstumsschritt gemäß euren Forschungsaufträgen zu vollziehen.

Wir wollen etwas spezifischer darauf eingehen, damit ihr die Art von Tiefe versteht, die Art von Nähe, die Art von Katalysatoren-Fähigkeit eurer Verbindung nachvollziehen könnt und sie nicht mit einer karmischen Begegnung beziehungsweise Verbindung verwechselt.

> *Die Kennzeichen dieser Beziehung sind die große Intensität, Nähe, Vertrautheit und telepathische Verbindung, die wiederum unerklärlich sind.*
> *Es ist also eine Art von Nähe, von Tiefe, von Verbundenheit, die ihr miteinander erlebt, die ihr so nicht kanntet. Dies ist wohlgemerkt nicht mit romantischen Gefühlen verknüpft. Es ist eine Art von Nähe, die ihr nicht fassen könnt. Es ist ein Teil des Einen.*
> LAZARUS

Ihr habt das Gefühl bereits beim ersten Kennenlernen. Ihr wollt miteinander verschmelzen, und dieses Gefühl macht euch wiederum Angst, weil ihr es nicht zuordnen könnt, weil ihr dieses Gefühl so noch nie vorher erlebt habt, ohne dabei romantische oder gar sexuelle Gefühle zu fühlen.
Es ist also eine Nähe, die sofort hergestellt ist, und ihr habt bereits im ersten Augenblick das Gefühl, ihr kennt dieses Wesen Jahrtausende.

Es ist eine Art von Verbundenheit, die ihr bemerkt, eine Tiefe, ein Hindurchblicken, ein Nahe-Sein, ohne sich in diesem Leben zu kennen. Es wird organisch dafür gesorgt, sofern ihr das verabredet habt, dass ihr euch trefft, und dann wird dafür gesorgt, dass ihr euch wieder und wieder begegnet. Ihr müsst dafür nichts tun, es wird organisch passieren.

Wir sagen nicht, dass romantische Gefühle und Sexualität bei der Beziehung zwischen Seelenzwillingen nicht auch geschehen können, doch dies steht nicht im Vordergrund. Im Vordergrund steht eure Meisterschaft.

Es ist auch nicht zwingend erforderlich, dass ihr zusammenlebt und euch des Öfteren seht. Es reicht ein punktuelles Sehen und Begegnen, da die Intensität bei jeder Begegnung sehr stark und die Spannung und Intensität manchmal fast nicht aushaltbar sind. Diese Art von Zweisamkeit ist so enorm, dass ihr einige Tage braucht, um danach wieder bei euch selbst anzukommen. Von daher sind Pausen gewollt und wichtig.

Ein weiteres Kennzeichen ist, dass ihr euch beide, obwohl ihr äußerlich und charakterlich völlig unterschiedlich seid, dennoch im tiefsten Wesen gleicht – wie zwei Seiten der gleichen Medaille. Ihr erlebt immer und immer wieder diese Ähnlichkeiten, sodass ihr es manchmal gar nicht fassen könnt, wie einerseits unterschiedlich und dennoch wesensgleich euer Seelenzwilling ist.

Ein weiteres Kennzeichen ist, dass ihr euch gegenseitig zu enormen Wachstumsimpulsen, die gewollt sind, herausfordert. Es wird gemäß eurer Struktur dafür gesorgt, dass euer Seelenzwilling die dazu ergänzende Struktur aufweist, das, was euch fehlt, und umgekehrt.

Ihr bemerkt bei intensiveren Begegnungen eine Integration, die erwünscht ist, immer und immer mehr. So, als ob ihr euer Gegenüber mit all seinem Potenzial in euch aufsaugt. Ihr bemerkt es auch daran, dass euch eure eigenen Schatten-Themen sprichwörtlich um die Ohren fliegen. Ihr erlebt also tiefste Nähe, tiefste Intensität und eine intensive Auslösung eurer Muster, ohne existenzvernichtend zu sein.

Ihr werdet im Gegensatz zu karmischen Beziehungen bemerken, dass der Trigger, der in nächster Nähe zwischen euch ausgelöst wird, etwas Lösendes statt Zerstörerisches hat, auch wenn es im ersten Moment euren Schmerzkörper verletzt.

Das Wichtigste noch einmal: Es werden Meisterschaftsanwärter, die bereits Verbindungs-unwillig, Verbindungs-geschädigt, Verbindungs-müde, Nähe-geschädigt, Nähe-müde sind, miteinander verbunden. Ihr seid durch die tiefe Liebe und Verbindung zu eurem Seelenzwilling gewillt, euch enorm weiterzuentwickeln, selbst wenn die Verbindung äußerst unbequem und eine echte Arbeitsbeziehung ist.

Sie ist wie ein Raketenantrieb, ist wie ein Torpedo, und es wird noch einmal dafür gesorgt, dass eure Muster innerhalb eurer Verbindung ausgelöst werden, mit dem einen Ziel, dass ihr euren entscheidenden Wachstumsschritt vollzieht.

Bei eurem Seelenzwilling trefft ihr auf euren größten Liebeslehrer, eure größte Liebeslehrerin. Ein Wesen, das euch im tiefsten Innersten gleicht. Ihr habt euer Pendant angezogen, um sicherzustellen, dass ihr eure Meisterprüfung schafft.

Durch diese tiefe Art von Verbindung mit eurem Seelenzwilling werdet ihr auf allen Ebenen gewandelt. Es handelt sich nicht um eine romantische, sondern eine Arbeits- und Wachstumsverbindung, die euch immerfort nach vorn pusht, in eure Meisterschaft, bedingt durch diese tiefe Liebe und Vertrautheit. Ihr könnt voreinander nichts geheim halten.

Durch diese tiefe Liebe ist sichergestellt, dass ihr euch nicht mehr trennen könnt, auch wenn ihr wollt, auch wenn ihr die Idee habt, fortzurennen, wenn ihr die Spannung nicht mehr auszuhalten meint.

Euch wird in kürzester Zeit, wenn ihr von eurem Seelenzwilling getrennt seid, diese tiefe Sehnsucht nach dieser Intensität und Nähe so stark überfluten, dass ihr euch wiedersehen wollt und auch werdet.

Nun versteht ihr sicher, warum Einzelne unter euch ihren Seelenzwilling anziehen. Schaut euch eure Historie an! Euer Seelenzwilling ähnelt euch. Er kommt zwar vielleicht aus einem komplett anderen Kulturkreis, hat komplett andere Eigenschaften, aber im innersten Kern ist er euch gleich und ergänzt euch.

Die Integration der Eigenschaften eurer Seelenzwillinge ist eure Meisterschaft. Und da ihr dies in vielen Inkarnationen immer wieder angestrebt habt, ist jetzt, in dieser Inkarnation, mit diesem Bewusstseinsstand, zu diesem historischen Zeitpunkt, die Vollendung angesagt. Und noch einmal: Ihr könnt euch nicht trennen, selbst wenn ihr es wollt. Es funktioniert nicht.

Zusammenfassung

- Die Art von Spannung und Intensität, die euch in die Meisterschaft pusht, ohne euch zu vernichten, ist das Kennzeichen einer Verbindung zwischen Seelenzwillingen.
- Euer Seelenzwilling ergänzt euch auf einzigartige Art und Weise. Im Laufe eures Lebens integriert ihr jeden Anteil eures Seelenzwillings in euch. Das ist eine energetische Herausforderung einerseits, andererseits hilft euch dieses Prozedere beim Bewältigen eurer Meisterschaft.
- Er ist euer Raketenantrieb, ist das, was ihr im Grunde genommen seit jeher gesucht habt. Euer Seelenzwilling verkörpert all das, was ihr euer Leben lang gesucht habt, um vollständig zu werden.
- Die Verbindung fordert euch enorm heraus. Sie ist und bleibt eine Arbeits- und Wachstumsverbindung.

Das kann die verschiedensten Bereiche eures menschlichen Daseins betreffen. Manchmal ist diese Art von Spannung kaum aushaltbar, und dennoch ist sie notwendig, um überhaupt wieder Nähe zuzulassen. Diese Art von Beziehung pusht euch in die Neuzeit, pusht euch auf Terra 2.

Wir wollen sagen, dass diese Beziehung für euch, die ihr eurem Seelenzwilling begegnet, notwendig ist, um euch zu einem Ganzen werden zu lassen. Um die notwendigen Anteile durch euren Seelenzwilling zu integrieren, die ihr allein nicht so hättet integrieren können.

Es ist wie ein Spiegelkabinett. Ihr blickt immer und immer wieder in einen Spiegel eurer selbst. Es ist so, als ob ihr euch noch einmal kennenlernt, auch wenn euer Seelenzwilling noch so verschieden sein mag. Und dies ist wohlgemerkt in jedem eurer Seelenanteile so. Wenn ihr euch diese Art von Verbindung in eurer Inkarnation vorgenommen habt, dann trefft ihr auf euren Seelenzwilling.

Und noch einmal: Diese Beziehung, das hatten wir eingangs schon gesagt, ist nichts für Anfänger. Sucht ihr eine romantische, harmonische, entspannte Partnerschaft, eine Verbindung zum Ausruhen, ist diese Verbindung nichts für euch. Ihr würdet die Art von Anspannung nicht aushalten. Mit anderen Worten, ihr habt es euch nicht vorgenommen.

Dies ist keine Wertung, sondern es ist so: Diejenigen Meisterschaftsan-wärter unter euch, die über diese Art von Verbindung enormes Wachstum erreichen wollen, begegnen ihrem Seelenzwilling.

Es ist eine Verbindung der dritten Art, die alle Maßstäbe sprengt. Ihr be-merkt eure telepathische Verbindung. Ihr könnt dann kaum fassen, dass es ein Wesen gibt, das euch so nah ist, das euch in- und auswendig kennt, ohne dass ihr jemals darüber gesprochen habt.
Jede Art von Auseinandersetzung ist fruchtbar und bringt euch eher in die Nähe, mehr in Beziehung, als dass sie euch voneinander entfernt.

Die Verbindung zwischen Seelenzwillingen hat viele Gesichter

- Verwandte oder enge Freunde – durch die enge Verbindung ist sicher-gestellt, dass die Aufgaben gemeinsam bewältigt werden
- Menschen in für uns wichtigen Schlüsselpositionen, die uns in be-sonders herausfordernden Zeiten helfen (als Mentor, Sponsor oder Lehrer)
- Liebesbeziehungen bilden hierbei die größte Herausforderung – es geht um das Erkennen im anderen. Der beste Begriff ist hierbei Super-spiegel. Der Zwillingsseele kann man jedoch nicht ausweichen, auch wenn ihre »unangenehmen Seiten« uns am liebsten auf Abstand gehen lassen möchten. Es zieht einen immer wieder zurück.

Grundlage für die Art der Verbindung sind ihre Vereinbarungen bezüg-lich ihres gemeinsamen Forschungsauftrages vor ihrer gemeinsamen In-karnation. Es werden nur die Umstände des Aufeinandertreffens und die Wachstumsthemen vereinbart. Was Seelenzwillinge daraus machen, ob-liegt ihrem freien Willen.
Die Begegnung mit einem Seelenzwilling hat eine völlig andere Qualität als die mit »normalen« menschlichen Wesen.

Wir machen die intensivsten Erfahrungen, die sowohl schmerzhaft als auch von ausgesprochen angenehmen und beglückenden Gefühlen be-gleitet sein können. Das Verhältnis wird deshalb niemals neutral sein.

In Liebesbeziehungen könnte man es beschreiben mit: »Wir können nicht miteinander, aber auch nicht ohne einander leben«. Annäherung und Abstoßung wechseln sich ab. Das bleibt so, bis beide ihre Lektionen gelernt haben.

Es geht bei den Zwillingsseelen um gemeinsame Lernaufgaben. Sie gehen schonungslos miteinander um, nicht, um zu quälen, sondern um dem anderen zu helfen, sich selbst zu erkennen. Auch das ist eine Form der Unterstützung.

Zusammenleben mit den Seelenzwilling

Mit dem Seelenzwilling zu leben ist eine Herausforderung. Der Drang, »für immer zusammenbleiben zu wollen«, ist übermächtig. Dabei ist es egal, welche anderen Partnerschaften bestehen. In der ersten Phase des Kennenlernens stellen sie viele Gemeinsamkeiten fest. Die beiden Lebensläufe weisen viele Parallelen auf.

Sie kennen sich gegenseitig genauso gut, wie sie sich selbst kennen. Sie werden durch ihr »Spiegelbild« permanent daran erinnert, wo ihre »wunden Punkte« liegen. Es liegt daran, dass es sich hierbei um kein Gegenüber, sondern um einen Teil unseres Selbst handelt. Unsere Schatten-Themen werden uns so verstärkt vor Augen geführt. Ein wirklicher Superspiegel mit großer Lupe. Es ist unbequem und zugleich ein kraftvoller Wachstumsimpuls. Ein für beide Seiten beglückendes Zusammensein wird erst möglich, wenn beide – mit gegenseitiger Hilfe – ihre Lernaufgaben erfüllt haben.

Die Begegnung mit eurem Seelenzwilling verändert alles, restlos alles in eurem Leben. Diese Tiefe, diese Nähe, diese Spiegelung eures höchstmöglichen Potenzials sowie eurer unangenehmsten Schattenanteile halten euch auf Kurs und regen an, all dieses zu entfalten beziehungsweise zu integrieren sowie eure Schattenanteile zu überwinden. Dafür begegnet ihr eurem Seelenzwilling. Durch die Tiefe eurer Verbindung wird sichergestellt, dass ihr eure Muster durchbrecht. Beschleunigung in Höhe und Tiefe ist hier das Ziel.

Und noch einmal: Ihr erkennt euch in eurem Gegenüber immer, immer, immer selbst. Also könntet ihr auch sagen: Ihr erfahrt euch in euch selbst. Im Zuge einer Seelenzwillingsverbindung werdet ihr bemerken, dass ihr die Anteile und Potenziale eures Seelenzwillings Stück für Stück integriert. Dies ist energetisch herausfordernd. Ihr transformiert euch beide unablässig.

Ihr werdet feststellen, dass euch euer Seelenzwilling auf einer tiefen Ebene gewandelt hat und im Weiteren euch ein zusätzliches Potenzial ergänzend zur Verfügung steht.

Wenn einer der Seelenzwillinge nicht inkarniert ist

Nicht in jeder Inkarnation begegnen wir unserem Seelenzwilling. Im nichtinkarnierten Zustand unterstützt uns unser Seelenzwilling von der nichtirdischen Ebene aus. Das geschieht meist unbemerkt und unbewusst, mental, durch »Eingebungen«, die wie Gedanken wahrgenommen werden.

Wenn eine Begegnung innerhalb der Inkarnation stattfindet und eine Zwillingsseele ablebt, wir uns dessen bewusst sind – dann können wir unser gemeinsames Wirken fortsetzen.
Der Einfluss des Seelenzwillings kann sich anschließend in der Persönlichkeit des verbleibenden Seelenzwillings widerspiegeln. In jedem Fall hat die Energie des Seelenzwillings Einfluss auf unser Leben.

Harald über unsere Verbindung

Ich spüre mit dir diese Liebe, diese Vertrautheit und diese Tiefe in einer Form, wie ich sie bisher in meinem Leben so noch nie erlebt habe. Alles hat eine ganz andere Tragweite als all die anderen Beziehungen, die ich bisher erlebt habe. Ich fühle, dass es diesmal über (...) etwas verliebt sein oder »sich gegenseitig mögen« weit hinausgeht. Ich bin unseren himmlischen Helfern zutiefst dafür dankbar, dass sie uns geholfen haben, uns zu finden. Besser hätte die Auswahl gar nicht funktionieren können. Viele Jahre, ganze Jahrzehnte fühlte ich mich seelisch innerlich immer sehr einsam, unverstanden, suchend allein auf dem Weg. Obwohl in den nun schon 14 Jahren, seit ich solche Geräte baue, viele, auch sehr nette weibliche Wesen meinen Weg kreuzten, hatte ich nie das Gefühl, tatsächlich bei der Partnerin meines Lebens, bei meiner Traumfrau, angekommen zu sein. Dies fühlt sich mit dir jetzt einfach gänzlich anders an, einfach so, wie ich es mir als Ideal immer vorgestellt hatte. Nie wollte ich irgendeine 08/15-Beziehung. Tja, und dann trat dann plötzlich so eine kleine Frau in mein Leben, die ich allein schon wegen ihrer Körpergröße früher komplett übersehen hätte, die aber genau all diese Dinge mitbrachte, die ich mir als Ideal für eine Beziehung immer vorgestellt hatte. Ja, es war schon fast unfassbar, als du, mein geliebter Schatz, dann plötzlich meinen Weg gekreuzt hast und wir dann auch noch Schritt für Schritt immer mehr Gemeinsamkeiten entdeckten. Diese Freude und dieses Glück sind meinerseits mit Worten kaum beschreibbar.

Wir beide waren auf der Suche nach einer Wachstumspartnerschaft – geprägt von einer Sehnsucht nach einem ähnlich starken Partner. So konnten wir uns beide nicht mit einer Partnerschaft zufriedengeben, die weit unter unseren Möglichkeiten liegt. Ganz im Gegenteil: »Mit dir wird es nie langweilig.« Unsere kraftvollen Aspekte ließen nicht zu, dass wir uns allzu viel bieten ließen. So stark und sensibel zugleich, wie du es warst, habe ich keinen anderen Mann erlebt.

Denn das Enthüllte, das er schaut, wenn er gefunden hat und zugleich auch gefunden wurde, ist wie ein gleißender Blitz, der den einen erschlägt und den anderen durchzuckt, um ihn unwiderruflich zu verändern und trotzdem am Leben zu lassen, obgleich seine Existenz nie mehr wie vorher sein wird.
Hasselmann & Schmolke, »Die Seelenfamilie«

DIE KARMISCHE VERBINDUNG
Woran ihr eine karmische Verstrickung erkennt

Karma lehrt uns, dass jede Handlung zählt.

Die Kennzeichen einer karmischen Verbindung

Bei karmischen Verbindungen im engeren Sinn ist die Verbindung untrennbar, bis das Karma ausgeglichen wurde. Hier wird eine offene Rechnung ausgeglichen. Wichtig zu wissen ist hierbei, dass es sich um engste seelische Verwandtschaften handelt – wir haben zumeist sechs karmische Verbindungen. Sie sind mit intensivsten, aus dieser Inkarnation nicht erklärlichen Schuldgefühlen verbunden und es herrscht zugleich eine große Vertrautheit. Anzumerken ist, dass es sich bei karmischer Schuld um die nachhaltige Zerstörung eines Inkarnationsplanes handelt. »Du hast noch etwas gut bei mir«, »Man sieht sich immer zweimal« sind Redensarten, die hier eine Grundlage haben.

Karma kann nicht durch eigenes Leid ausgeglichen werden, also etwa durch eine schreckliche Krankheit, sondern nur dadurch, dass Opfer und Täter in einem späteren Leben bereit sind, eine nötige Zahl von Jahren in der engen Gemeinschaft einer Hassliebe-Beziehung zu verbringen, und dadurch wieder zur Liebe zurückzufinden. Schmerz im Sinne des Karmas ist notwendig und nicht zu vermeiden. Es bleibt niemandem erspart. Nur indem wir die Erfahrung von der scheinbaren Abwesenheit von Liebe machen, können wir erfahren, was Liebe in ihrer reinsten Form ist.

Wir erkennen es an seltsamen Gefühlen wie zum Beispiel Ablehnung oder Schuld ohne erkennbaren Grund oder auch Zuneigung, die unerklärlich ist. Hier geht es um einen Ausgleich. Karma kann nur im Bewusstsein aufgelöst werden. Die Einsicht und die damit gelernte Lektion sind es, die zählen, sodass Opfer und Täter in späteren Leben bereit sind, sich immer und immer wieder zu verstricken, so lange, bis alles Karma aufgelöst ist und nur noch Liebe übrigbleibt. Es besteht ein wechselseitiger starker Sog verbunden mit gleichzeitiger unerklärlicher Ablehnung. Karmische Beziehungen lösen in der ersten Begegnung eine magnetische Anziehung und eine ebenso extreme Gegenreaktion des Abstoßens aus.

Dafür wird ein sehr offensichtliches Täter-Opfer-Spiel ausagiert. Dieses Täter-Opfer-Spiel ist von großer Intensität geprägt und auch von einer tiefen Liebe, aber dennoch in jedwedem Fall im übertragenen Sinne existenzvernichtend, sodass dieses Spiel euch existenziell erschüttert, krank macht, körperlich, beruflich oder finanziell – oder in allen drei Bereichen. Karmische Verbindungen sind nicht nur auf eine Inkarnation beschränkt, die Seele agiert über Inkarnationen so lange Karma aus, bis es beendet ist.

Die karmische Verbindung ist aber auch nicht von dieser Vertrautheit, von dieser Nähe geprägt, sondern von einem subtilen oder sehr offensichtlichen Misstrauen, das in Wahrheit zwischen beiden menschlichen Wesen herrscht. Wir wollen dies jedoch nicht beurteilen. Wir wollen all denjenigen mitteilen, die diese Form von Verbindung innerhalb ihrer Inkarnation erleben, dass es sich hierbei um eine offene Rechnung handelt, die ausgeglichen wird.

Es handelt sich um einen Katalysator, der dazu dient, das auszugleichen, was ihr in vorherigen Inkarnationen im Täter-Opfer-Spiel nicht hinreichend erledigt habt. Eine karmische Verbindung dient dazu, eine alte Schuld auszugleichen und damit aus dem Täter-Opfer-Spiel auszusteigen. Und mal seid ihr im übertragenen Sinne Täter und mal seid ihr Opfer innerhalb dieser Art von Verbindung. Es geht um eine Bereitwilligkeit, Opfer des Gegenübers zu sein, auszugleichen und gleichzeitig ins Mitgefühl zu kommen.

> *Karma vergisst nie.*
> UNBEKANNT

Schaut euch bei einer karmischen Verbindung immer an, wo eure eigene Schuld liegt, wo ihr euch subtil selbst schuldig macht, wo ihr im übertragenen Sinne diese Schuld lebt, die durch euren karmischen Beziehungspartner an euch begangen wird. Steigt aus und hütet euch davor, euch subtil erneut schuldig zu machen. Es handelt sich um einen Ausgleich, durch den ihr zu mehr Liebesfähigkeit gelangen könnt. Sonst dürft ihr diese Lektion wiederholen. Bemerkt, wann es für euch genug ist: »Jetzt ist Ende, jetzt habe ich dieses Prozedere, dieses Muster, dieses Täter-Opfer-Spiel (zur Information: Es findet immer wieder in einem bestimmten Bereich statt) ausgelebt!« Kommt an den Punkt, an dem ihr dieses Spiel durchschaut und es verlasst, ohne euch erneut zu verwickeln. Erkennt diese karmische Verbindung als das, was sie ist: ein Katalysator, der euch hilft, aus eurem Täter-Opfer-Spiel endgültig auszusteigen. Mit welchem eurer Muster verwickelt ihr euch ständig neu? Wo sind eure blinden Flecken? Karmische Verbindungen sind insofern notwendig, weil sie euch – über einen sehr schmerzvollen Weg – lehren, wo euer größtes Verwicklungspotenzial ist, wo ihr am wenigsten heil seid. Indem ihr eure blinden Flecken erkennt, verlasst ihr dieses Spiel. Es ist nicht möglich, dass ihr euren Inkarnationszyklus beendet, ohne euer Karma aufgelöst zu haben.

Die meisten karmischen Verstrickungen sind mit Seelenverwandtschaften aus unserer Seelensippe und Seelenstammes. Mit Seelengeschwistern gelingen sie hingegen nicht. Unsere Seelengeschwister bieten eher einen Raum des Schutzes.

> *Wenn jemand Dich hasst oder Dich bekämpft, so wisse,*
> *dass es Dein eigenes vergangenes Karma ist, das vor Dir steht.*
> ANANDMURTI GURUMAA

Blickt man von außen auf eine karmische Verstrickung, ist sie gekennzeichnet durch eine Aura von Drama, von einer Sehnsucht und gleichzeitiger Abstoßung, von einer irrationalen Hassliebe, von einer unerklärlichen Angst und magnetischen Anziehung. Wir können oft nur staunen und uns fragen: »Warum macht er oder sie das überhaupt mit?« oder: »Wie hält er oder sie das Ganze aus?«

Die Wahrheit ist, wir können es nicht beurteilen, da wir *nicht* miteinander karmisch verstrickt sind. Karmisch Verstrickte fühlen ein »Wir«, ein Einheitsgefühl, das von außen niemand nachempfinden kann. Mischen wir uns ein, sind wir Teil der Verstrickung. Was können wir tun? Wir können mit den Augen der Liebe und Weisheit auf das Ganze blicken – dann ist und bleibt es im tiefsten Grund Liebe, egal, wie heftig es auch äußerlich erscheinen mag, und egal, wie lange es dauert.

Diese intensive Hassliebe auszuhalten, ist eine Vorbedingung zur Auflösung karmischer Schuld. Indem wir uns daran erinnern, dass wir mit unseren Karmapartnerinnen und -partnern seelisch verwandt sind, dass wir durch unser Täter-Opfer-Verhältnis zur beiderseitigen seelischen Entwicklung beitragen, können wir Trost, Hilfe und Frieden finden.

Karma ist die ewige Bestätigung der menschlichen Freiheit.
Unsere Gedanken, unsere Worte und Taten sind Fäden in einem Netz,
das wir uns umhängen.
Unbekannt

WIEDERBEGEGNUNG
Ein kosmisches Arrangement und seelisches Freudenfest

Seelenzwillinge erkennen einander an der Schwingung,
nicht an der äußeren Erscheinung.

LAZARUS

Die Wahl des Seelenzwillings – Die Schöpfungsebene – Von der Formlosigkeit in die Form

War nun das Huhn oder das Ei zuerst da, das ist wirklich die Frage, so auch bei der Kreation dessen, was wir uns zutiefst im Herzen wünschen. Kreieren ist Teil des göttlichen Plans – unsere Rückerinnerung an diesen. Es gibt keinerlei Zufälle.

Es herrscht aus unserer menschlichen Sicht zum Zeitpunkt (Erinnerung: Kosmisch gesehen wird Zeit ganz anders wahrgenommen) der kosmischen Schöpfung die gleiche Schwingungsenergie vor. Dies ist Bedingung für die Wahl des Seelenzwillings, genauso wie menschliche Zwillinge zum gleichen Zeitpunkt gezeugt und zum in etwa gleichen Zeitpunkt geboren werden.

Jede Seelenessenz wird eindeutig numerisch identifiziert. Seelenzwillinge haben die gleiche Ausschüttungsposition im Rahmen des Gesamtgefüges der Seelensippe, die aus sieben Seelenfamilien besteht. Die meisten Seelenzwillinge bilden sich aus diesem Kreis. Hier sind demnach drei Paarungen möglich. Seelenzwillinge sind Teil des Einen – ein Superspiegel des Gleichen.

Alleingeborener Zwilling – der erste Impuls

Unsere Wiederbegegnung ist das Arrangement beider menschlicher Wesen auf Seelenebene – eine Synchronisation in Raum und Zeit.

Den ersten schmerzhaften Impuls auf dem Weg der Suche nach meinem Seelenzwilling erhielt ich vorgeburtlich, durch den Verlust meines physischen Zwillings. Da alles für und nicht gegen uns passiert, war das die Erinnerung und zugleich die erste Initiation auf meinen Weg.

Diese Erfahrung prägte mich so sehr, dass ich fast unaufhörlich Zwillingserfahrungen und den erneuten Verlust des Zwillings in diesem Leben anzog.

Prägende schmerzhafte Erlebnisse und Einschnitte pushen uns auf unserem Weg und sind Teil unseres Forschungsauftrages – unsere Lernaufgaben. Beziehungsweise: Wir gehen den Weg, weil wir bestimmte Erfahrungen in uns tragen. Ganz egal, ob es uns bewusst ist oder nicht. In erster Linie geht es hierbei um die Erkenntnisse, die wir durch unsere Lernerfahrungen in einem alchemistischen Prozess herausfiltrieren.

Ich erinnere mich, dass ich als Teenager oft das schmerzliche Gefühl hatte, es gebe von meiner Art kein männliches Pendant. Zugleich gab es in mir eine immens große Sehnsucht, ein männliches Pendant zu treffen, die mich vorantrieb.

Der alleingeborene Zwilling – der immer zu zweit kommt (oft »zu viel ist« – scherzhaft gesprochen) und magnetisch als Teil des Forschungsauftrages Zwillingserfahrungen anzieht, um letztendlich zu erkennen, dass wir ein Teil des Ganzen sind.

Es ist (m)eine Reise über viele Berge und durch unzählige Täler, der Suche und des Findens der einen – wahrhaftigen – allumfassenden Liebe. Eine allumfassende Liebe – den Kuss des Göttlichen – die durch nichts trennbar ist.

Das untrügliche Zeichen – Die erste Begegnung

Frage: Was ist bei der ersten Begegnung ein untrügliches Zeichen, dass ich meinem Seelenzwilling begegnet bin?
Die unerklärliche Art von Nähe, Intensität, Vertrautheit, die nicht persönlicher Natur ist, nicht von dieser Welt erscheint, mit einer verbunden magnetischen Anziehungskraft, die keinerlei Kompromisse zulässt. Sobald ihr euch physisch begegnet, aktiviert sich euer Magnetismus.

Es ist wie ein Sog, eine enorme Anziehung, ohne dass ihr beschreiben könnt, warum diese Art von Anziehung besteht. Sie ist einfach da und sorgt dafür, dass ihr euch wieder und wieder und wieder begegnet. Diese Vertrautheit, diese Nähe, dieses Sich-Kennen, ohne Drama, ohne sexuelle Gefühle, ohne romantische Gefühle.

Eine Art von Nähe, die fast nicht zu beschreiben und dennoch vorhanden ist. Es ist wie eine Art Blase, die sich seit der ersten Begegnung um euch herum befindet, mit der Idee, dass ihr auf jedwede Art verschmelzen wollt, ohne dass euch das bewusst ist. Es wird durch die Art von wechselseitigem Magnetismus organisch dafür gesorgt, dass ihr euch wieder und wieder begegnet.

Dies kann unter anderem durch körperliche Nähe entstehen oder durch Gespräche. Manchmal reicht es sogar aus, dass ihr euren Seelenzwilling hört oder seht, dass dieser Anziehungsmechanismus wirkt.

Doch erst bei einer tatsächlichen Begegnung setzt dieses unbeschreibliche Gefühl von Nähe ein. Es ist, als ob ihr miteinander verschränkt werdet, sodass ein Entrinnen nicht möglich ist. An all diejenigen, die Beziehungen gerne entrinnen – unter anderem gehört das Medium dazu: Es wird sichergestellt, dass eine weitere Begegnung stattfindet.

Und egal, was ihr tut, es wird organisch dafür gesorgt, dass ihr euch wieder, wieder und wieder begegnet. Und wohlgemerkt: Dies passiert durch beide, weil beide, selbst wenn es ihnen nicht bewusst ist, dies wollen. Es ist wie ein Sog, es ist ein Magnetismus, der euch unweigerlich in eure gegenseitige Nähe zieht.

Dieses grenzenlose Vertrauen, diese grenzenlose Vertrautheit, diese Bedingungslosigkeit von Liebe selbst bei größter Auseinandersetzung sind die Kennzeichen dieser Art von intensivster Arbeits- und Wachstumsbeziehung.

Wenn ihr eurem Seelenzwilling bereits begegnet seid, wisst ihr um diese Kennzeichen, die wir benannt haben, und um diese Art von Vertrautheit, Intensität, Nähe und tiefer Liebe. Ihr erkennt und spürt die Art von Energie, die zu euch dringt. Es ist ein tiefes Erkennen seiner selbst im Gegenüber, das zu Anfang nicht genau definierbar ist.

Es ist keine romantische Partnerschaft, sondern ist und bleibt eine Wachstumsverbindung mit größtmöglichen Herausforderungen, die einem beschleunigten Wachstum dienen.

Seelenzwilling – meine Rückerinnerung

Das erste Mal hörte ich vom Begriff Seelenzwilling 1998 in dem Seminar »Die Archetypen der Seele« von Dr. Varda Hasselmann und Frank Schmolke (beide sind auch Seelenzwillinge und wirken gemeinsam). Ich war von dieser Art ewiger seelischer Wachstumsverbindung immens fasziniert, wenngleich ich wusste, dass diese Art von Verbindung keineswegs romantisch ist, bedeutete sie doch innere und äußere Arbeit und zugleich ein enormes Wachstumspotenzial. Damals befand ich mich in einer karmischen Verbindung.

Ab diesem Zeitpunkt wusste ich, ich werde ihm – für mich war es in dieser Inkarnation ein »er« – begegnen, wann, wusste ich nicht.

Die Chance auf enorme Wachstumserfahrungen reizte mich sehr. So kreierte ich mir, dass ich meinen Seelenzwilling in diesem Leben treffen werde.

Dazwischen gab es so einige Verbindungen in meinem Leben bzw. Begegnungen, in denen der Begriff Dualseele immer wieder eine Rolle spielte.

Doch niemals empfand ich das Gefühl, die Nähe, die Tiefe bzw. die telepathische Verbindung, wie ich sie bei meinem Seelenzwilling empfunden habe, geschweige denn diesen besonderen Wachstumsauftrag.

Die Sehnsucht, zu finden, was ich suchte, trieb mich unaufhörlich voran. Mal fuhr der Zug schneller und mal langsamer, es gab in jeder meiner Partnerschaften irgendwann den einen unabwendbaren Impuls der Weiterreise. Heute weiß ich, warum.

Meine Devise lautete bis dahin: Sobald eine Partnerschaft zu Ende geht, folgt eine (für mich) passendere.

So liegt in jedem Ende ein neuer Anfang, ein Samen, der zur passenden Zeit aufgeht, wenn die Zeitlinien übereinstimmen. Eine Synchronizität der Ereignisse.

Heute kann ich sagen, es war alles richtig, und jeder Mann in meinem Leben war und ist richtig, wie er war und ist. Alles war und ist kosmisch geführt.

Jedes Mal in meinem Leben, wenn mein kleiner Wille (Ego) nicht loslassen wollte, regulierte das Leben (Wollen der Seele) nach.

Immer wieder klingelt euer Wille. Als Metapher wählen wir ein rotes Telefon. Und ihr tut so, als hättet ihr es nicht gehört, aus einem schlechten Gewissen heraus. Doch wir sagen euch, es klingelt immer wieder, und ihr wisst auch, was es bedeutet: »Eigentlich wäre dies mein wahrer Wille.«

VARDA HASSELMANN & FRANK SCHMOLKE

(»JUNGE SEELEN – ALTE SEELEN«)

Ein kosmischer Witz

Es ist so besonders, Zeitqualitäten und Ereignisse wahrzunehmen und dann die leise Idee zu haben, dass der Kelch an mir vorüberzieht, wirklich ein wahrlich kosmischer Witz. So, als ob (m)ein rotes Telefon andauernd laut klingelt und ich nicht abhebe. Es klingelt immer und immer wieder, bis wir es endlich hören, sozusagen die Lektion gelernt ist.

Mein geistiges Team ist jedes Mal darüber amüsiert, denn gerade dieser schmerzhafte Lernschritt ist doch Teil des größeren Plans. Scherzhaft könnte ich jetzt einfügen, damit hier wenigstens etwas gelernt und erkannt wird. Wozu sollten wir uns sonst begegnen. Ja der Kosmos hat Humor.

Erste Begegnung – (m)eine persönliche Erfahrung

Mitte 2019 teilte mir mein geistiges Team mit (ich befand mich zu diesem Zeitpunkt noch in einer Partnerschaft), dass ich einen neuen Mann kennenlernen und woran ich ihn erkennen würde.

Die Kernaussagen waren: Der Verlust seiner früheren Partnerin, dass er sich noch in Trauer befinde, und ein bestimmter Kuss, an dem ich ihn erkennen sollte.

Das rote Telefon klingelte erneut. Ende 2019 löste ich mich aus meiner damaligen Partnerschaft.

Mitte 2020 erhielt ich während meines erneuten Channelings zum Thema Partnerschaft die Botschaft, dass ich meinem neuen Mann bis spätestens Herbstanfang begegnen würde, und genauso sollte es auch kommen.

Seelen erkennen einander an der Schwingung und nicht oder gerade an der äußeren Erscheinung. Die Anziehung findet jedoch jenseits der Persönlichkeit, auf Seelenebene statt. Wer sich begegnen darf, begegnet sich, findet sich, erkennt sich – auch hier, egal wie unsere Persönlichkeit herumzappelt, unser Mund plappert etc. Wir haben uns schließlich miteinander verabredet.

Wenn ich heute noch einmal entscheiden könnte, ich würde es wieder tun, würde mich auf die immer gleiche Reise zurück zur Einheit begeben, um immer wieder das tun, wozu ich einst angetreten bin. Ja, wir haben uns gemeinsam für diese Reise verabredet, für genau diese Zeit.

Es gibt gemeinsame Schnittpunkte, wo sich Seelenzwillinge begegnen können. In unserem Fall haben wir gemeinsam herausgefunden, dass wir uns schon früher hätten begegnen können. Es hätte Möglichkeiten gegeben, doch wir wären vielleicht aneinander vorbeigegangen bzw. hätten uns nicht wahrgenommen.

So gibt es den scheinbar perfekten Zeitpunkt, das richtige Timing. Oft frage ich mich, was war eher da, und warum sagen oder tun wir das, was wir sagen und tun. Meiner Erfahrung nach zählen hier jedes Wort und jedes Tun, nichts geschieht rein zufällig.

Alles, was wir tun oder unterlassen, führt uns an den einen bestimmten Punkt zusammen.

Wenn wir einander begegnen sollen, dann begegnen wir uns auch. Wir brauchen nicht darum zu bitten oder, wie es manche Menschen tun, verzweifelt nach einer seelischen Verbindung zu suchen. Sie findet uns.

(M)ein Wiedererkennen

In einem YouTube-Video sah ich ihn Mitte Juli 2020 das erste Mal. Mich sprach der Inhalt sofort an; mir kam das, was er erzählte, so unglaublich vertraut vor, und ich wusste, ich musste ihm unbedingt etwas von seiner verstorbenen Partnerin mitteilen.

Außerdem freute ich mich, in ihm auch solch einen im positiven Sinne Verrückten zu treffen.

Deine Seele berührte meine Seele im wahrsten Sinne des Wortes, ohne dass es mir zu diesem Zeitpunkt so richtig bewusst war.

Es war die Art, wie er über seine verstorbene Freundin berichtete. Hinzugefügt sei, dass die Sequenz, die ich von ihm sah, lediglich fünf Minuten lang war. Die Initiation war gesetzt.

Weder waren mir zu diesem Zeitpunkt die Aussagen aus dem Jahr 2019 von meinem geistigen Team in Bezug auf meinen zukünftigen Partner bewusst noch hatte ich von seinem Cosmic-Tower-Projekt Kenntnis. Für mich war nur eines klar: Diesen Mann wollte ich persönlich kennenlernen, um ihm eine Mitteilung seiner verstorbenen Freundin zu überbringen.

Letztendlich war zu diesem Zeitpunkt sein Projekt auch nicht ausschlaggebend, sondern unsere gemeinsame Transformation – unser Herzprojekt, obwohl es auf einer tieferen Ebene untrennbar miteinander verbunden ist, wie wir später noch beschreiben werden.

Es war die Art, wie ich bereits bei der ersten Begegnung auf meinen Seelenzwilling reagierte. Einerseits mit einer Art Neutralität und andererseits mit einem Gefühl von intensivster Nähe, Vertrautheit und Verbindung. Von dem Punkt an wurde der Sog der magnetischen Anziehung beidseitig aktiviert. Vor allem ihre Umarmung löste es aus.

Die Kommunikation lief auf telepathische Art und Weise. Wir erkannten uns selbst in Hinblick auf kleinste Schrulligkeit wieder. Da war beispielsweise das Thema Sensitivität, die wir beide miteinander teilten. Die Art Sensitivität, die ich sonst nur an mir selbst kannte, fand ich bei ihm eins zu eins wieder. Und so könnten wir bei Alfa anfangen und bei Omega aufhören und wieder von Neuem beginnen. Es ist wie ein Kreislauf. Ein einziges Super-Spiegelkabinett, das zur Auflösung unserer Muster diente und unsere Herzen weit über ihre Grenzen des menschlichen Verstandes hinaus öffnete.

Am 31. Juli 2020 sollte es so weit sein, als er auf einem Vortrag in Berlin, als spontan geladener Gast sein Cosmic-Tower-Projekt wie zufällig vorstellte. Ich konnte es kaum fassen: 14 Tage nach meiner Schöpfung war er bereits in meinem Leben. Mir kam er wie bestellt und geliefert vor. Und obwohl ich, seit ich denken kann, mir meiner Schöpferkraft gewahr bin, bin ich doch immer wieder erstaunt, wie zunehmend schneller, sich das Geschöpfte realisiert. Es fügte sich an jenem Abend alles, sodass wir später nebeneinander am Tisch saßen.

An jenem Abend wurde unser gemeinsames Schicksal besiegelt, ohne dass es uns zu diesem Zeitpunkt bewusst war. Wir hatten einen wunderbaren Abend, doch dann brach der Kontakt zu ihm, aufgrund des umfassenden Eingebundenseins in seine Mission, erst einmal ab. Es war seine Mission, die ihn Anfang September 2020 (am selben Datum wie meine erste Hochzeit) erneut zu mir führte.

Danach ging alles sehr schnell: Wir fanden in und mit uns nicht nur die Liebe, sondern auch die gemeinsame Erfüllung unserer beiden Missionen. Er war genau derjenige Mann, den mein geistiges Team mir Mitte 2019 beschrieben hatte. So hatte ich ihn unbewusst auch erkannt. Wenn es sich stimmig anfühlt, ist Zeit relativ, so auch in unserem Fall. Die Entscheidung zu heiraten, trafen wir am Jahrestag meiner ersten Scheidung. Zufall oder Bestimmung? Ende November 2020 haben wir geheiratet – er bleibt mir als schönster Tag meines Lebens in Erinnerung.

Kann es einen Menschen geben, der im positiven Sinne genauso verrückt ist wie ich? Ich dachte, diesen Menschen gibt es gar nicht. Obwohl mein Mann in seiner Erscheinung vollkommen anders ist als ich, habe ich in ihm diesen Menschen definitiv gefunden. Er ist mein allergrößter und allerliebster Sparringspartner und das in jedweder Hinsicht. Nicht zuletzt durch seinen wertvollen Beitrag sind meine drei Bände »Projekt Terra 2 – Botschaften aus dem Licht vom Sirius« nochmals entschieden gepusht worden, dafür bin ich ihm zutiefst dankbar!

Kleine Anekdote

Der Kuss

Als du mir das erste Mal zum Abschied einfach so einen Kuss auf den Mund gabst, war ich doch etwas empört. Ich dachte bei mir, gibt er jeder Frau zum Abschied einen Kuss auf den Mund? Weiter dachte ich, er ist aber frech, zumal ich es niemals von dir erwartet hätte. Das war der Überraschungseffekt. Doch deine Art war einfach unwiderstehlich verschmitzt und zugleich zärtlich, sodass ich tatsächlich nicht widerstehen konnte.

GEMEINSAMER FORSCHUNGSAUFTRAG
Eine Vereinbarung für die Ewigkeit

Bereits bei der ersten Begegnung, dem Wiedererkennen, zeigt sich der gemeinsame Forschungsauftrag von Seelenzwillingen.

Gemeinsamer übergreifender Forschungsauftrag

Eine Seelenzwillingsverbindung wird zur gemeinsamen Meisterung eurer spezifischen Forschungsaufgaben vereinbart und dies in jedweder Form. Sie wirkt wie ein zusätzlicher Beschleuniger. Mit eingeschlossen ist die besondere Art von Prüfungen, die ihr gemeinsam bewältigt.

Die zu Grunde liegende Liebe macht das Ausmaß an Wachstum möglich. Ihr habt euch dabei für ein spezielles Wachstumsthema gemeinsam verabredet. Durch eure Begegnung wird an einem Punkt in eurem Leben sichergestellt, dass ihr beide euren entscheidenden Wachstumsschritt vollzieht.

Grundlage bilden die Tiefe und Verbundenheit von Seelenzwillingen.

Auch wird durch die Wesensgleichheit und dem damit verbundenen Superspiegel-Effekt sichergestellt, dass eure tiefsten Themen ausgelöst, transformiert und geheilt werden, sodass eure Liebesfähigkeit verstärkt wird. Es ist und bleibt ein intensiver Prozess des Hin- und Herpendelns. Eure größte Prüfung und Herausforderung dabei ist es, die Verbindung im engeren und weiteren Sinne auszuhalten. Dabei ist eure Liebe so stark, dass ihr euch im wahrsten Sinne des Wortes aushaltet. Euch immer und immer wieder auf einander zubewegt.

Diese Verbindung dient wie keine andere Verbindung dazu, Nähe und Vertrauen herzustellen, und dies werdet ihr bereits bei eurer ersten Begegnung bemerken. Es fühlt sich so vertraut, wie Heimat an.

Noch einmal: Euer Seelenzwilling tritt in euer Leben, um als Katalysator mit euch gemeinsam euren Forschungsauftrag zu meistern. Bedenkt, es ist das menschliche Wesen, das zutiefst bereit ist, mit euch den Weg gemeinsam, in welcher Form auch immer, zu gehen.

Ihr müsst dazu nicht zusammenleben, es reichen punktuelle Begegnungen. Intensität, Nähe und Vertrautheit sind es, die dies ausmachen. Diese Form von Verbindung stellt alle euch bekannten Konzepte auf den Kopf. Sie ist und bleibt besonders.

Der vereinbarte Forschungsauftrag mit dem wesentlichen Wachstumsschritt wird dadurch bestimmt, ob es sich um Verwandte, enge Freunde,

Menschen in wichtigen Schlüsselpositionen oder Liebesverbindungen handelt. Die Vereinbarung mit all ihren Bedingtheiten, wird vor der Inkarnation getroffen bzw. in einer Inkarnation erneut getroffen.

Lazarus und Team teilen Folgendes dazu mit:

Wenn ihr einen gleichen Vorgang hunderttausende Jahre wiederholt habt und diesen zum Abschluss bringen, sozusagen vollenden wollt, dann kommen genau die richtigen Katalysatoren in eure Leben. Ihr zieht sie magnetisch an, um zu vollenden. An dem Punkt, wo ihr steht, geliebte Wesen, wo ihr ins erwachte Bewusstsein kommen wollt, ist es wichtig, all das zu vollenden, was vollendet werden will und darf. Es ist ein notwendiger Prozess, um zu erwachen und möglichst nicht mehr einzuschlafen.

Kein einziges Wesen unter euch, dass hunderttausende Jahre, Millionen Jahre das gleiche Spiel spielt, möchte dies noch einmal spielen. An dem Punkt, wo ihr steht, seid ihr müde, ihr seid so müde und habt nur noch ein Ziel: zu vollenden. Das ist euer höchstes Ziel, und dafür seid ihr angetreten, genau zur richtigen Zeit. Seelenzwillinge finden sich zusammen, um sich zu begegnen, um gemeinsam ihren Auftrag zu vollenden.

Es gibt einen übergeordneten Auftrag zu beiden Seelen, der sich aus Aufträgen und Seelenfamilie-Aufträgen speist. Diese werden, wenn Seelenzwillinge sich natürlich begegnen, transformiert zu einem einzigen. Beide Anteile werden genommen wie zwei Teile einer Gleichung, damit ein Auftrag der Seele, der übergeordnet ist und sie schon Jahrmillionen begleitet, erfüllt wird. Sozusagen erfüllt jede und jeder von euch einen Teil der gleichen Aufgabe, der übergeordneten Aufgabe eurer Verbindung. Deshalb hast du, geliebtes Wesen, deinen Seelenzwilling ins Feld geschöpft, und auch wenn ihr nicht alles geschafft habt, so habt ihr doch Wesentliches ausgeglichen.

Unsere Seelenarchitektur

Seelenzwillinge machen dieselben Erfahrungen aus verschiedenen Blickwinkeln und betrachten verschiedene Erfahrungen aus demselben Blickwinkel. Sie sind eins und doch zwei, zwei und doch eins.

VARDA HASSELMANN & FRANK SCHMOLKE (»DIE SEELENFAMILIE«)

Für alle menschlichen Wesen, die sich schon einmal mit dem Konzept der Archetypen der Seele nach Hasselmann / Schmolke befasst haben – hier unsere beiden Seelenchiffre:

Antje: 5/7 – 5/4 6 6 6 3/1 R7 SF: 2 – 7 – 5
Harald: 5/7 – 3/6 3 6 6 7/2 R7 SF: 7 – 5 – 4

Anhand der Zahlen wird bereits ersichtlich, dass wir viele Ähnlichkeiten, und natürlich auch Unterschiede, die die Reibungsfläche darstellen, aufweisen. Die Unterschiedlichkeit unser beider Seelenchiffre waren das Salz in unserer Suppe – unsere Wachstumskatalysatoren. Unsere Archetypen, die des Weisen sind gleich, auch teilen wir uns den gleichen, immerwährenden Weg – in unserem Fall: den Königsweg der Suche. Beide Elemente wirken jeweils 50 Prozent und ziehen sich durch alle Inkarnationen hindurch. Hinweis: Seelenzwillinge haben den gleichen immerwährenden Weg. Des Weiteren haben wir auch in unserer Seelenfamilie gleiche Elemente. Unser beider Leidenschaft brachte so manche Energieexplosion hervor, wohlgemerkt auf beiden Seiten.

Wir beide setzen uns aufgrund unseres gleichen Seelenalters mit der Entfaltungsaufgabe »Möglichkeiten und Grenzen des Wollens erkennen« auseinander.

> *Die Wahrheit hat nichts zu tun mit der Zahl der Leute,*
> *die von ihr überzeugt sind.*
> PAUL CLAUDEL

Noch einmal: Zeichnet sich eine Partnerschaft vor allem durch Harmonie und gleiche Aktivitäten aus, ist es keine Seelenzwillingsschaft. Spielen Ablehnung, Hass und Schuldgefühle eine große Rolle, handelt es sich eher um eine karmische Verstrickung.

Große Intensität und starke Reibungsfläche bildeten unsere beiden Stärken hinsichtlich unserer Kommunikation – die geprägt davon war, unsere Auffassung von Wahrheit leidenschaftlich zu vertreten. Wir befruchteten uns in allen Facetten unseres Lebens, insbesondere in unserem Wirken. Wir waren unsere größten Fans und zugleich unsere größten Kritiker. Wir befeuerten uns gegenseitig und ja – es war durchaus herausfordernd, doch führte es uns letztendlich zu einer wesentlich größeren Liebesfähigkeit. Seine große Vision half mir, in meine zurückzufinden. Wir ließen beide hinsichtlich unseres Wachstumsthemas nicht locker. Er war mein absoluter Superspiegel. Unsere ständige Interaktion machte zugleich unseren größten Entwicklungsschritt aus.

Wir setzten uns leidenschaftlich miteinander auseinander. Beide haben wir uns somit mit dem Thema der Wahrheitsfindung (Wahrheit versus Illusion) auseinandergesetzt, jeder von uns auf seine ureigene Weise. Harald war ein Wahrheitsfinder, und doch war es ihm in manchen Bereichen nicht möglich, die Wahrheit zu sehen. Umgekehrt erging es mir mit ihm. Auch ich konnte in manchen Bereichen die Wahrheit (noch) nicht sehen. Er lieferte mir dann die erforderlichen Puzzleteile. Wir beide hinterfragten uns so lange, bis Wahrheit sich zeigen konnte. Um letztendlich von einer unterschiedlichen Warte aus zum selben Ergebnis zu kommen. Auch durfte ich erkennen, dass sich Wahrheit insbesondere auch nach seinem Übergang zeigen durfte, dadurch, dass ich größere Zusammenhänge erkennen konnte, die sich zu seinen Lebzeiten nur erahnen ließ.

Manchmal war Frau Superschlau etwas voreilig – so würde er es sagen. Jetzt kann ich vieles deutlicher wahrnehmen als jemals zuvor. Welch ein grandioses Lebenswerk.

Wie sagte Harald immer so schön: »Alles läuft nach Plan.«

Trennung ist eine Illusion. Aus dem Trennungsbewusstsein betrachtet, indem wir be- und verurteilen, wir im Widerstand gegen die da draußen sind, verlieren alle. Wenn wir hingegen ins Einheitsbewusstsein zurückkehren, gewinnen alle. Es gibt keine Welt da draußen. Wir projizieren immer unsere innere Welt auf die äußere Welt. Wenn wir das begreifen – steigen wir augenblicklich aus unserem Opferbewusstsein aus. Das ist das Ende aller Trennung – in uns. Er zeigte es mir anschaulich an uns.

Möglichkeiten und Grenzen des Wollens zu erkennen, umfasst zum einen die Erfahrung, einen eigenen konstruktiven und zielgerichteten menschlichen Willen zu haben, der Wirklichkeit und Welt beeinflussen kann. Es beinhaltet zum anderen die Fähigkeit, über einen Zugang zu einem transzendenten Wollen zu verfügen, auch wenn es dem kognitiven Bewusstsein nicht unablässig präsent ist.

VARDA HASSELMANN & FRANK SCHMOLKE
(»JUNGE SEELEN – ALTE SEELEN«)

Möglichkeiten und Grenzen des Wollens erkennen

Ja, auch das haben wir beide ausgiebig erforscht. Wir haben gleichsam einen starken Willen und in dem durften wir unsere Grenzen austesten. Und durften miteinander und individuell immer und immer wieder erkennen, dass das übergeordnete Wollen sich durchsetzt. Frei nach dem Motto: »Der Mensch denkt, Gott lenkt.« Um es zu erkennen, benötigen wir beide Seiten der Erfahrung. Ein anderes schönes Zitat dafür heißt: »Und willst du Gott zum Lachen bringen, dann mache einen Plan.« Was haben wir uns alles in so kurzer Zeit gespiegelt.

Und eines möchte ich an dieser Stelle mitteilen: Es gibt kein menschliches Wesen, das angstfrei ist. Wenn wir dieser Illusion aufsitzen, werden wir im Laufe unseres Lebens erkennen, dass dem nicht so ist. Eine ständige Pulsation unserer Ängste erleben wir täglich. Im Widerstand dagegen zu sein bzw. uns vor unserer eigenen Angst zu schützen, ist wie mit einem Regenschirm im Hurrikan zu stehen. Das Einzige, was wir tun können, ist zu akzeptieren und zu umarmen. Unsere beiden Ängste waren wie Treibsand und zugleich Brandbeschleuniger unserer Entwicklung. Wir beide wollten gemeinsam mit 120 Jahren hinübergehen, um nur eines zu nennen. Welchen Plan wir doch hatten. Auf Seelenebene war es längst klar – auch wenn unser Mind andere Vorstellungen hatte. Es gibt keine Sicherheit – für nichts. Auch das ist eine Illusion, die wir gemeinsam durchbrochen haben.

Haralds Seelenfamilienaufgabe

»Die Aufgabe, die Haralds Seelenfamilie über Jahrtausende bearbeitet, hat in der Tat zu tun mit dem Thema der Auseinandersetzung mit Wahrheit und Wahrheiten. Es gibt, wie ihr wisst, immer wieder Gedanken und Konzepte, die Menschen als wahr und richtig für sich annehmen und zu erkennen meinen. Dabei ist es so, dass es die Neigung dazu gibt, Wahrheitsfelder, also die Informationsfelder, die sogenannte Wahrheiten enthalten, zu vergrößern. Je größer dieses Informationsfeld ist, das bedeutet, von je mehr Personen ein Informationsfeld durch ihre Gedanken und Überzeugungen und Emotionen gespeist werden, desto wahrer werden sie im Sinne dessen, dass sie immer stärker als allgemeingültig empfunden werden. Wahrheit ist ein Thema, was damit zu tun hat, größere Zusammenhänge zu überblicken, zu analysieren, davon Regeln abzuleiten und diese als Wahrheit zu setzen. Er war unter anderem dafür zuständig, diese Wahrheiten zu kommunizieren, so im Allgemeinen zu dem, was ihr mit dem Begriff Wahrheit benennt. Diese Arten von Wahrheiten sind verzerrt und gelenkt von vielen Faktoren, und es wohnt das Bestreben in den Menschen inne, zu dem, was sie als die eine Wahrheit, die wahre Wahrheit empfinden, zu stehen.

Das ist ein großer Antrieb, den es von Anbeginn an gegeben hat. Haralds Seelenfamilie nun setzt sich auf die Art und Weise mit diesem Thema auseinander, indem sie andere Wahrheiten neben die allgemeine Übereinkunft über das, was wahr ist, stellt oder dagegenstellt. Diese wichtige Aufgabe bietet nicht nur ein großes Entwicklungsfeld für die Mitglieder dieser Seelenfamilie, die sich immer wieder in dieses Thema hineinstürzen und immer wieder auch in die Reibung mit der gängigen Geschichte dessen, was Wahrheit sein soll, reibt und auseinandersetzt. Das dient dazu, auch zu erforschen, wie Wahrheit entsteht und was Wahrheit wahr macht oder unwahr.

Die Aufgabe, die sich Haralds Seele in diesem Leben auf seine Fahne geschrieben hat, dreht sich darum, aus voller Überzeugung für eine Wahrheit einzutreten, bis sie an einen inneren Punkt gerät, an dem sie in Frage gestellt werden muss. An diesem Punkt, dass er immer wieder an diesen Punkt geführt wird, wo das, was er vorher als Wahrheit empfand, zerstört sieht. Und es geht dabei weniger darum, die Wahrheit zu verbreiten, als die Überzeugungskraft, mit der es jeweils geschieht. Und es geht um die inneren Prozesse, die in den Momenten des Umschwungs vonstattengehen und wirksam werden. Alle diese Phasen zeichnen sich durch eine gewisse Unbeirrbarkeit aus, die in kurzen, aber zentralen Momenten durch inneres Chaos und Verwirrtheit gekennzeichnet sind. Haralds Seele hat diesen Prozess in seinem Leben mehrfach durchlaufen und damit dem Erfüllen dieser Forschungsaufgabe gute Dienste geleistet. Er wollte und konnte bestimmte Wahrheiten, die die seinen waren und die nicht der gängigen Wahrheitsmeinung entsprachen, bis zum Letzten ausreizen. Und seine Seele liebte diese Momente der Erschütterung, weil in diesen Momenten sich eine viel tiefere Wahrheit offenbaren konnte, als es sie vorher und auch danach geben konnte. So kostbar diese Erschütterungen und so schwer sie zu ertragen waren, auf diese Aufgabe war seine ganze Matrix ausgerichtet und er hat sie gut und mit voller Kraft ausgeführt.« (Marion Lockert, 2024)

Wille: Was will ich, und was will ich nicht?
Und das Wollen: Was will das große Ganze von mir und mit mir,
und was will das Ganze nicht?
VARDA HASSELMANN & FRANK SCHMOLKE
(JUNGE SEELEN – ALTE SEELEN)

Meine Seelenaufgabe

»Deine Leidenschaftlichkeit erfordert immer wieder ihr Recht (…) für dich gilt, dass andere Menschen auch Möglichkeiten und Grenzen erfahren und dass du für viele das Instrument dafür bist, dass sie an ihre Grenzen stoßen. Du machst also eine stellvertretende Erfahrung bis zur guten Mitte deines Lebens (…) und wirst erst dann damit beginnen, deine eigenen Möglichkeiten und Grenzen auf souveräne Art und Weise auszuloten. Wenn du anwendest, was du bei anderen und im Kontakt in der Kommunikation mit anderen über das Thema Möglichkeiten und Grenzen lernst, wird es dir umso leichter fallen, deine eigenen Grenzen viel weiter hinauszuschieben, als du es dir jetzt noch vorstellen kannst, und du wirst in einer Weise deine Flügel ausbreiten, wie es sich eine Raupe nicht vorstellen kann, und doch ist in ihr eine tiefe Ahnung, was einem Schmetterling möglich ist. Du wirst weniger im beruflichen Bereich als im privaten Bereich deine wesentlichen Wachstumserfahrungen machen und es ist deshalb von Vorteil, wenn du deine Erkenntnisbemühungen vor allem auf den Bereich der mitmenschlichen Kommunikation richtest.« (Varda Hasselmann, 1998)

Meine Seelenfamilienaufgabe

»Das Anliegen Deiner Seelenfamilie ist es, durch äußere Gestaltung zu innerer Beachtung zu gelangen. Und damit mit der tieferen Wahrheit hinter der äußeren Form. Das bedeutet, dass für alle Deine Seelengeschwister und auch für Dich die äußere Form eines Menschen, einer Situation, eines Raumes usw. von größter Bedeutung ist, weil diese gestalteten und bewusst auch auffällig gestalteten Bereiche einen Mitteilungscharakter entwickeln, der dazu führt, dass sonst unbeachtet bleibendes hervorgehoben wird und sozusagen ins Rampenlicht rückt. Deine eigene Aufgabe in diesem Zusammenhang besteht darin, Menschen auf ihr Potenzial hin zu überprüfen, was braucht ein Mensch an Möglichkeiten der äußeren Gestaltung, um seine innere Wahrheit auszudrücken, um das Beste aus ihm herauszuholen, um ihm Türen zu öffnen, die er selbst sich nicht zu öffnen getraut, um ihm Ausblicke zu ermöglichen, vor denen er selbst bislang die Augen verschloss, aus Angst, aus Schüchternheit, aus mangelnder Kenntnis. Bemühe Dich also in das Innere eines Menschen vorzudringen und diese dort erworbenen Einsichten und Einblicke in einen äußeren Ausdruck umzusetzen.« (Varda Hasselmann, 1998)

Harald über seine Aufgabe

»Meine Aufgabe bestand darin, dich daran zu erinnern, dass du vollenden möchtest, indem du heimkehrst und dabei am lebendigen Leib erfährst, dass es keinerlei Trennung gibt. Dieses Geschenk, diese Erfahrung ist mein Geschenk an dich, für unser Myriaden von Jahren miteinander sein. Für all das, was wir uns beide in unserem Miteinander geschenkt haben. Indem wir uns nicht geschont haben und in einer scheinbaren Endlosschleife unsere Muster miteinander ausagiert haben. Und nun, da es an der Zeit ist, zu vollenden, braucht es uns beide.

Zu Lebzeiten hattest du diesen Part inne, doch jetzt habe ich diesen Part übernommen, damit du von mir nehmen kannst und ich von dir. Wir haben die Positionen gewechselt. So lernst und integrierst du und wirst mit anderen menschlichen Wesen teilen, wie seelische Zusammenarbeit funktioniert, wie Seelenzwillinge zusammen wirksam sind. Und ich will dir zeigen, dass es auch dort niemals eine Trennung gab.

Es braucht deine medialen Fähigkeiten, um den Kontakt zu mir aufzunehmen, sowie unsere Seelenfamilien und unser Sternvolk, um zu vollenden. Die Rückerinnerung, die Erinnerung an die Möglichkeit, Kontakt aufzunehmen, war der Grund, warum ich eher gegangen bin. Damit du es so erfahren kannst, wie du es zu meinen Lebzeiten nicht hättest in dieser Form erfahren können. Ich werde alles tun, damit du dies verkörperst.

Das Bekanntwerden meines Austrittsdatums war für mich als menschliches Wesen mit einem Schreck verbunden.

Es war eine Art innere Initiation zu wissen, dass meine und damit unsere Zeit begrenzt ist. So tat ich ab diesem Zeitpunkt in intensivierter Form alles, weil ich wusste, dass ich wusste, dass meine Zeit viel eher gekommen ist als deine Zeit.

Du musstest mir kurz vor meinem Übergang versprechen, dass du hierbleibst und einhundertzwanzig Jahre alt wirst. Ja, dieses Versprechen habe ich dir abgerungen, in genau diesem Wissen. Und letztendlich, es gibt keine Trennung. Wir vollenden gemeinsam, ich helfe dir und du hilfst mir. Es ist schon sehr spannend, dass dieser Part von mir übernommen wird, und so sind wir doch auch Lehrer und Schüler füreinander. Auch diese Rollen haben wir miteinander inne, und es wird noch vieles sein, was ich dir aus diesem nichtirdischen Raum lehren werde.

Was ich dir immer wieder in Erinnerung rufen werde, ist: Es gibt zwischen uns keine Trennung.
Das ist die lebendige Erfahrung der Einheit.

All dies war und ist eine Illusion. Und das wird anschaulich gemacht werden, durch verschiedenste Botschaften von mir. Das hier ist die erste Botschaft, und ich liebe es, dass du hier bist und dies alles empfangen kannst, fernab der Lautstärke.

Erst, mein Schatz, durch die Öffnung in meinem Herzen waren viele Dinge möglich, die mir vorher nicht möglich waren. Eines ist mir klar, ohne unser Wiederbegegnen hätte ich es nicht geschafft. Ohne unsere Lehrerin hätten wir es nicht geschafft.

Unser gemeinsames Wirken geht weiter, und so wünsche ich, dass du ihn für uns beide den Weg der Liebe weitergehst, und dies kann nur geschehen, indem du die Illusion der Trennung aufhebst. Die Trennung aufzuheben, das war mein Reden zu Lebzeiten. Ich wollte den Himmel auf dieser Erde erleben, davon habe ich so oft gesprochen. Und es ist doch am Ende ganz anders gekommen. Es gibt keinerlei Trennung, alles ist eins zur gleichen Zeit, immer da. Ich danke dir für alles, für unseren gemeinsamen Weg, für unseren Rückweg. Du weißt.

In Liebe Harald« (Antje Thiers 2024)

Unser gemeinsamer Forschungsauftrag endet nicht mit deinem Übergang.
Jetzt stehst du mir auf Astralebene zur Verfügung.

Kleine Anekdoten

Bild dir deine Meinung

Harald war in Bezug auf das Weltgeschehen immer rundum informiert. Er nutzte dazu jedes erdenkliche Medium – auch die Tagespresse, um sich (s)eine eigene Meinung zu bilden. Auch darin war er sehr gewissenhaft. Doch eine Episode war einfach zu lustig. Es gab ein gewisses Medium, weswegen ich ihn neckte. Deshalb las er dieses gewisse Medium »heimlich«. Im Urlaub – den es eigentlich nie gab, denn es war immer Towerhausen-Zeit – wollten wir eines Tages in den nächsten Ort fahren. Als wir im Begriff waren einzusteigen, sagte ein Mitarbeiter des Hotels zu Harald Folgendes: Herr Thiers, morgen früh bringe ich wieder die Bildzeitung vorbei – wie immer. Ich konnte mein breites Grinsen nicht verbergen. Harald hingegen wusste, was ihm verbal blühte. Er war sichtlich verärgert, dass sein Geheimnis aufflog. Und – der arme Mann wusste gar nicht, was los war. Ich klärte ihn auf und neckte Harald. So kommt alles ans Licht, selbst hinter den Kulissen. Er hatte es geschafft, es 4 Tage vor mir geheim zu halten. Immerhin. Am Ende mussten wir beide darüber so lachen. Und ich habe mich niemals wieder lustig darüber gemacht. Wie liebte ich unsere Neckereien, das konnte ich wirklich nur mit ihm. Gerade bemerke ich, wie sehr ich sein spitzbübiges Wesen vermisse.

Das liebe Spiel

Harald konnte eines nicht: verlieren – was soll ich sagen – wir beide konnten es nicht. So brachten unsere Spieleabende so manche Stilblüten hervor. Gegen uns im Team zu spielen, war nicht wünschenswert. Wenn er gegen mich spielte und am Gewinnen war, freute er sich wie eine diebische Elster und neckte mich mit folgendem: Ich solle mich nicht ärgern, dass ich wieder einmal gegen ihn verliere. Hier wurde wirklich mit allen psychologischen Tricks gearbeitet. Oh, wie ich es liebte, denn es war immer das Gleiche mit ihm. Meine Antwort darauf war also folgende: Er solle sich nicht zu früh freuen. Gewann er, dann bemitleidete er mich – er liebte es, mich zu necken. Ich wollte dann eine Revanche. Wenn sich dann das Blatt hingegen zu meinen Gunsten wendete, sagte ich am Ende gar nichts, ich grinste nur. Er schwieg auch, aber hatte daraufhin keinerlei Lust mehr zu spielen. Ja, er war ein Gewinner – das liebte ich so an ihm –, auch die Tatsache, dass er nicht verlieren konnte. Und manchmal spielten wir zu dritt – meine Kinder und ich im Team hinter den Kulissen gegen Harald. Auch das flog immer auf. Es war so viel Energie im Spiel – einfach herrlich.

WACHSTUMSIMPULSE
Der Katalysatoren-Effekt

Seelenzwillinge spüren, dass ihre Verbindung vielmehr durch fruchtbare Konflikte gekennzeichnet ist. Diese Konflikte setzen eine unauslöschliche und unbezweifelbare Bindung voraus, damit sie entstehen und bewältigt werden können. Für Seelenzwillinge gehört es zu den entscheidenden Erfahrungen zu erkennen, dass jeder Konflikt, der aufkommt und bewältigt wird, die Bindung nur verstärkt, anstatt sie zu sprengen.

Varda Hasselmann & Frank Schmolke, Frank (»Die Seelenfamilie«)

Wachstum und Wachstumsimpulse

Frage: Wodurch findet Wachstum statt? Wie werden Wachstumsimpulse gesteuert beziehungsweise arrangiert?

Seelenzwillinge lassen nicht eher locker, bis das Entwicklungsziel erreicht ist. Intensität: Wachstum findet durch Begegnung statt und wird immer genau dann ausgelöst, wenn bei Zwillingsseelen größte Harmonie herrscht. Genau dann erfolgt der notwendige Impuls zum Wachstum. Denn noch einmal: Die Kennzeichen dieser Art von Verbindung sind Wachstum, Intensität und Spannung.

Sozusagen wird die Tiefe von Verbindung genutzt, um genau dann in der größten Offenheit das auszulösen, was geheilt werden muss und soll, wohlgemerkt beidseitig. Da beide in ähnlicher Weise reagieren, wird dies sichergestellt. Noch einmal: Ihr könnt einander nicht entrinnen.

Dieser Wachstumsimpuls, der beidseitig ausgelöst wird, wird euch im ersten Moment im übertragenen Sinne mit solch einer Intensität in den anderen Teil des Kosmos katapultieren, dass ihr denkt, ihr müsstet sterben, obwohl scheinbar im Außen nichts passiert ist (Anmerkung: für andere keinesfalls nachzuvollziehen). Und natürlich stirbt etwas dabei – euer Ego. Dadurch werdet ihr im zweiten Moment aufgefordert, diesen Anteil in euch zu heilen. Wenn ihr den Impuls erfolgreich integriert, das jeweilige Thema gelöst habt, werdet ihr feststellen, wie sehr ihr euer Wachstum befeuert habt. Die Intensität der Verbindung ist mit nichts vergleichbar.

Dies ist ein Kennzeichen dieser Art von Verbindung und, noch einmal, diese Auslösung ist ein notwendiger Bestandteil dieser Wachstumsbeziehung, damit ungeheilte Anteile geheilt werden können. Ihr werdet euch, solange eure Verbindung besteht, immer und immer wieder zu neuem Wachstum herausfordern.

Manchmal werdet ihr euch fragen, wohin ihr noch wachsen könnt, und dennoch gibt es vielfältigste Wachstumsmöglichkeiten für euch. Ihr regt euch durch die gegenseitige Befruchtung immer wieder dazu an, über euren Tellerrand hinauszuschauen, um euch jenseits aller Muster enorm weiterzuentwickeln.

Ihr werdet bereits nach Monaten, einem Jahr, fünf Jahren, zehn Jahren feststellen, wie sehr ihr das Potenzial eures Seelenzwillings integriert habt. Auch Andere werden euren Wachstumsschub bemerken, eure Art von Veränderungen und größerer Ganzheit die, wie gesagt, ohne euch für beide nicht möglich wäre.

Und es ist zuweilen sehr herausfordernd und doch zugleich zutiefst beglückend.

Harald über unser Wachstumspotenzial

Das Wachstumspotenzial, welches ich bei uns sehe, in jeglicher Hinsicht, das ist einfach gigantisch, was gewisse andere Kreise offensichtlich auch erkannt haben. Gerade deshalb gehe ich erst recht schnurstracks weiter geradeaus und nehme alle mit dem Schritt einer Heirat verbundenen, auch noch so großen Herausforderungen an. Mir ist schon bewusst, dass dies nicht immer einfach sein wird, denn wir sind beide einerseits sehr starke Charaktere und andererseits vom Charakter bzw. von der Lebhaftigkeit her doch recht verschieden. Deine Ideale für eine traumhafte Beziehung faszinieren mich sehr und unterscheiden sich von meinen kaum einen Millimeter. Bessere Voraussetzungen kann es eigentlich gar nicht geben, oder?

Unser Weg der Herzöffnung, (m)ein Superspiegel: Es ging immer um das Thema Wahrheit und Liebe – Liebe und Wahrheit

Wir sind beide sehr sensibel. Doch niemand konnte so herrlich leidenschaftlich starrsinnig sein wie ich und niemand konnte so herrlich leidenschaftlich nachtragend sein wie du. Wir haben in uns wohl beide unsere Meister gefunden.

Wir beide haben Seelenaufgaben, die mit dem Thema Wahrheit zusammenhängen. Wir schauen beide gerne hinter die Kulissen. Harald im Makrokosmos und ich im Mikrokosmos. Die Wahrheit zu erforschen, dass Liebe die stärkste Kraft ist. In unserem Fall war es konkret die Aufgabe, den Weg der Liebe gemeinsam zu gehen, unsere Herzen zu öffnen und unsere Egos zu meistern.

So wusste ich seit dem Tag unserer Wiederbegegnung – es wird sich uns eine größere Wahrheit offenbaren. Am Ende unseres gemeinsamen irdischen Weges hat sie sich uns gezeigt. Und, wir halfen einander. Es sind zwei Teile des Ganzen, die von jeweils einem Ende der Seite das Gleiche tun und das völlig unabhängig voneinander, die ganze Inkarnation über. Diese Art von spezifischer Form von Verbindung beider Wesen hat das Projekt Terra 2 erst verwirklicht.

Lazarus und Team zu uns:
Beide Seelenfamilien, wie ihr wisst, haben gleiche Forschungsgebiete rund um das Thema der Wahrheitsfindung. Eine Wahrheit ist nicht objektiv, kann es nicht sein, sondern subjektiv, dieses dürft ihr verstehen lernen. Von daher kennt ihr auch eher die Redewendung ›Es ist meine Wahrheit, es ist deine Wahrheit‹, als zu wissen, was wirklich die schlussendliche Wahrheit ist. Denn letzten Endes werdet ihr erfahren und habt bereits erfahren, dass es viele Wahrheiten gibt. Dieses herauszufinden und dabei seine eigene Wahrheit zu leben, zu überprüfen, was wahr ist und was unwahr ist, dazu habt ihr euch beide verabredet, da ihr, bei aller Unterschiedlichkeit, doch wesentliche Gemeinsamkeiten aufweist. Ihr seid von einem Ganzen. So forscht ihr gemeinsam an diesem Auftrag der Wahrheitsfindung. Und ihr beide wart dafür da, dass der jeweils andere die Wahrheit sieht, die Wahrheit wahrnimmt. Und da ihr beide in Hinblick auf die seelische Architektur Weise seid, so ihr in erster Linie Verbindungen schafft, ist es so, dass ihr beide auf die gleiche Art und Weise gewirkt habt. Du durch deine Bücher, er, das Medium, durch seine Bücher, durch ihre Bücher und der Seelenzwilling über seine Tower. So war unser gemeinsames Ziel, ein Netzwerk zu schaffen und gegenseitig Menschen ins Leben zu ziehen, die sowohl das eine als auch das andere erforschen wollen. Nämlich, ob es möglich ist, im irdischen Sinne das Geistige mit dem Irdischen zu verbinden. Ob das Materielle mit Bewusstsein so weit angefüllt werden kann, dass eine Erfahrung auf eurem Planeten möglich ist, die sowohl ich mit meinem Team Lazarus beschrieben habe als auch dein Seelenzwilling. Ihr beide bautet Lichtnetzwerke auf eure ureigene Art, verbunden mit vielen tausenden von Menschen.

Die Wahrheit ist immer die Gegenprobe, da ihr dieses noch nicht erlebt habt. So diente eure Wachstumspartnerschaft dem Aufwachen und dem gleichzeitigen Erkennen dessen, was die Wahrheit ist. Und die Transformation, die notwendige Transformation fand statt. Ihr wart Aufklärer, Mentoren, Wahrheitssuchende und Wahrheitsfinder in einem, auch insbesondere für euch beide, immer mit dem Ziel, sie zu finden, und dies war insbesondere deine Aufgabe, geliebtes Medium.

Du wolltest erfahren, ob Liebe die stärkste Kraft ist. Und dies hast du erfahren, geliebtes Wesen. Und im Grunde genommen, auch wenn er nicht danach gesucht hat, hat er dies auch erfahren, indem er zum Schluss erkannt hat, was Wahrheit ist und was karmische Leichtgläubigkeit ist. Erst als er sein Herz geöffnet hat, als er die Wahrheit mit seinem Herzen erkannt hat – und diese erkennt ihr immer im Herzen –, hat ihn dies zutiefst erschüttert und gleichzeitig befreit.

> *Wahrheit ist kein Teil der Vergänglichkeit. Alles Vergängliche entspricht somit nicht der Wahrheit. Vergänglichkeit ist Teil unserer Illusion.*

Wahrheit fühlt sich frei an, fühlt sich leicht an, fühlt sich groß an. Wahrheit fühlt sich niemals eng an oder schwer. Wahrheit öffnet und Wahrheit verschließt nicht. Wahrheit und Liebe sind eins vom Gleichen. Durch die Liebe erfahrt ihr Wahrheit, und Wahrheit ohne Liebe ist keine Wahrheit. Wahrheit ist im Grunde genommen auch Liebe. Denn Liebe und Wahrheit, die eigene Wahrheit, sind unabdingbar miteinander verwoben. Und wir können es so beschreiben: Durch die Wahrheit hast du zur Liebe gefunden, und durch die Liebe hat er zur Wahrheit gefunden.

Dies ist eine wunderschöne Metapher, ein Gleichnis, dass beides untrennbar miteinander verwoben ist. Wahrheit befreit Herzen, Liebe befreit die Wahrheit. Wir nennen es Wahrhaftigkeit, Authentizität. Ein liebendes Herz spricht seine Wahrheit aus sich selbst heraus. Und wir wollen auch sagen, dass dein Seelenzwilling seiner Wahrheit gefolgt ist und im Grunde genommen immer die Wahrheit herausfinden wollte. Und nur durch seinen, im wahrsten Sinne des Wortes, Durchbruch im Herzen hat er das Wahrhaftige wahrnehmen können. Und so hat sich seine einstige Wahrheit in eine andere Wahrheit gewandelt. Und beides waren seine Wahrheiten, nur zu einer anderen Zeit. So folgt ihr im Laufe eures Lebens verschiedenen Wahrheiten und haltet das für wahr, was euch entspricht. Und wenn ihr euch transformiert, wenn ihr eure Herzen öffnet, verändert sich eure Wahrheit. Sie wird größer, sie wird allumfassender, sie wird liebevoller, sie richtet nicht, sondern sie verbindet.

Dann sind wir wieder bei eurer Seelenessenz, der Verbindung. Eure Wahrheit hat mit Verbindung und nicht mit Trennung zu tun. Wenn ihr bereit seid, der Wahrheit ins Auge zu schauen, seid ihr beide nicht mehr leichtgläubig, sondern ihr überprüft. Dadurch, dass sich deine seelische Architektur so ähnlich anfühlt wie seine, wobei die immerwährenden Elemente: der Archetyp und euer Weg gleich sind, konnte der eine sich auf den anderen einlassen und in diesem Falle du ihm zeigen, wo er noch etwas blind war, wo er nicht hinschauen konnte, wo seine Augen durch seine karmische Verstrickung verschlossen waren.

Auch hier ist wieder wichtig zu verstehen, dass die Grundlage von karmischer Verstrickung Liebe ist. Ihre Auflösung dauert meist mehrere Inkarnationen – bis alle Verstrickungen gelöst sind. Wir wissen nicht was einst war. Warum Bedingungen so gewählt worden sind und worauf unser Erleben die Antwort ist.

Wenn wir alles andere weglassen würden, hättest du ihn genau dafür getroffen. Da eure beiden Seelenfamilien eng verwoben sind mit dem Thema der Wahrheitsfindung, und da ihr gleiche Ausschüttungspositionen habt und schon immer auf der Suche nach der absoluten Wahrheit wart und auch weiterhin seid. Ihr werdet im Laufe der Zeit viele Wahrheiten haben, sie transformieren und dann weitere Wahrheiten haben. Und so ist es bei jedem menschlichen Wesen. Deswegen verurteilt nicht, sondern akzeptiert, dass es in dem Moment des Menschen absolute Wahrheit ist. Und wenn aus eurer Sicht jemand die Unwahrheit spricht, hält er sie in dem Moment für seine absolute Wahrheit. Ihr wollt tiefer gehen, ihr wollt die absolute Wahrheit herausfinden. Er richtete seine Erkenntnisbemühungen auf die Kommunikation im Bereich Makrokosmos – das Weltgeschehen – und du auf den Mikrokosmos – das Zwischenmenschliche. Beide bereicherten und forderten ihre Sichtweisen – ihre Wahrheit – heraus. Beide gelangten zu einer größeren – allumfassenderen – Wahrheit, um bei all der Suche letzten Endes die Liebe zu finden.«

Gemeinsame Aufgabe und wichtigste Wachstumsimpulse

Frage: Was ist unsere gemeinsame Aufgabe, und was waren die wichtigsten Wachstumsimpulse?

Das Schaffen von Verbindungen und Lichtnetzwerken sowie das Halten der Verbindung mit Wesen des gesamten Kosmos ist euer übergeordneter Forschungsauftrag. Dabei forscht ihr gemeinsam. Dein Seelenzwilling wohnt uns nun heute wieder einmal bei. Auch wenn er von einer noch anderen Dimension grüßt, ist es doch so, dass diese unsere Dimension erreicht wird, wenn du vollendest. Ihr beide folgt einem Auftrag über Jahrmillionen, und dessen Abschluss vollzieht sich nun in eurer Inkarnation beziehungsweise hat sich vollzogen. Euer Auftrag bestand darin, eure Verbindung, die einst verloren schien, wieder herzustellen, sie aufrechtzuerhalten und in eine Dimension, die größer ist als ihr selbst, zu erweitern. Es geht hierbei um alle Dimensionen, die mit dem Thema Schaffen von Lichtnetzwerken sowie Verbindung zusammenhängen. Deshalb auch das Projekt deines Seelenzwillings. Verbindungen können durch alle Dimensionen, über alle Welten hindurch, in alle Galaxien eingefädelt und aufrechterhalten werden. So war es, letzten Endes, eine Metapher für seinen Seelenauftrag. Als Architekt des Kosmos Verbindungen im gesamten Kosmos herzustellen und dies, indem er auf seine Weise ganze Welten und Lichtnetzwerke erschafft.

In eurem sehr speziellen Fall einer Seelenzwillingsschaft war es so, dass ihr hunderttausende Jahre immer und immer wieder durch eine plötzliche Beendigung der Inkarnation voneinander getrennt wurdet. In erneuten Inkarnationen wurde euerseits immer und immer wieder der erneute Versuch unternommen, euch wieder zu verbinden. Doch dieser Versuch scheiterte jedes Mal aufs Neue, weil euch beim erneuten Zusammentreffen in irgendeiner Form förmlich die Sicherungen durchbrannten sowie unterschiedlichste karmische Wesen euer Thema Verbindung prüften. Weil sozusagen ein oder mehrere Wesen immer und immer wieder zwischen euch standen und dadurch die Verbindung schwächten und sie am Ende verloren ging beziehungsweise einer von euch beiden aus dem Leben schied. Das Gesetz des Karmas wirkte hier.

Aufgrund eurer nahezu gleichen Intensität, eures starken Willens, eurer Eigenheit sowie eures Stolzes war es euch bis zu dieser Inkarnation nicht möglich, in Balance zu kommen. Dieses ist nun in diesem Leben vollzogen wurden, doch eure Aufgabe ist weit größer als diese. Sie umfasst, mit Wesen jeglicher Art, ob irdisch oder nichtirdisch, nicht nur Kontakt aufzunehmen, sondern Verbindungen herzustellen. Um letzten Endes festzustellen: Es gibt keine Trennung.

Und nun verbindet ihr die materielle Welt und die nichtmaterielle Welt, und dabei zerstört ihr die eine Illusion, dass es jemals eine Trennung in euch gab. Selbst wenn es äußerlich oder innerlich so scheint.

Die Illusion der Trennung, die sich hartnäckig hält, wollt ihr durch euer gemeinsames Zusammenwirken aufheben.

Es gibt unter euch eine Illusion, die heißt, ihr seid voneinander getrennt. Ihr nehmt jedes Mal Trennung wahr, und um zu prüfen, ob ihr dies weiterführen könnt und wollt, sind diese vielen Wachstumsimpulse eingebaut worden. Nur aus einem Grund: Ihr wurdet geprüft, ob ihr fähig seid, in der Verbindung zwischen nichtirdischer und deiner materiellen Welt gemeinsam Netzwerke des Lichtes zu erschaffen, Verbindungen herzustellen. Selbst wenn sie durchbrochen wurden. Immer und immer wieder.

So durftet ihr euch mit der Aufgabe beschäftigen, zwischen euch jedwede Verbindung herzustellen und eine Idee dazu zu bekommen, was es bedeutet, einerseits getrennt zu werden und es doch nicht zuzulassen.

Und gleichzeitig macht es euren größeren Auftrag sowie eure seelische Komponente aus, denn, wie ihr bereits wisst, Seelenzwillinge kann man nicht trennen. Ihr verschmelzt miteinander. Dieser Prozess dauert bis zu einem Jahr nach Übergang an. Du wirst Stück für Stück all das verwirklichen, was ihr gemeinsam noch erschaffen wolltet, wo die Zeit im Materiellen, in eurer Illusionswelt scheinbar nicht ausreichte.

Doch es ist, wie gesagt, sichergestellt worden, dass du, bedingt durch deine Fähigkeiten, die Verbindung zu ihm herstellen und auch halten kannst, jederzeit. Und damit jegliche Art von Verbindung knüpfen kannst, sowohl im nichtirdischen als auch im irdischen Bereich.

> *Es geht darum, eine lebendige Erinnerung daran zu sein,*
> *dass es keine Trennung gibt, dass Trennung lediglich*
> *eine Konditionierung, ein irdisches Konzept ist.*

Die alte Software betrifft ohnehin alles, was Dualität betrifft, denn alles ist jetzt. Es gibt kein Gegenüber, denn alles bist du. Diese Illusion, diese letzte Illusion aufzuheben, dass es keinerlei Trennung gibt, das ist das, was du vervollkommnen wirst und damit für euch beide vollendest.
Du vollendest deine Aufgabe, und dafür hast du dir auf irdischer und nichtirdischer Ebene weitere Seelengefährten und Helfer eingeladen. Du wirst dies nicht allein tun. Dadurch, dass du so lange an diesem Herzens-Durchbruch dran warst, ausdauernd warst und dir dein Seelenzwilling so dankbar ist, ist es an der Zeit, dass du selbst noch einmal vom Nektar der Liebe kosten darfst. Wir wollen dir sagen, dass dein Seelenzwilling im Kosmos unterwegs ist und bei vielen Aufgaben der Neugestaltung und Neuerschaffung von Lichtnetzwerken und kosmischen Verbindungen maßgeblich eingebunden ist. Er wurde von seinem Seelenvolk zurückgerufen und ist diesem seelischen Ruf gefolgt. Du wiederum, geliebtes Wesen, hilfst hier von der irdischen Dimension aus, kosmische Verbindungen herzustellen und damit kosmische Lichtnetze mitzugestalten. Deswegen teilte er auch nach seinem Übergang mit das wir auf unsere Weise fortführen mögen, was er einst begonnen hat. Auf unsere Weise – was bedeuten will: keine Wiederholung des Gleichen. Das heißt auch, er war zu Lebzeiten durch das Erschaffen seines Netzwerkes eine lebendige Erinnerung, dass zwischen der kosmischen und irdischen Dimension eine Verbindung existiert. Es gibt keine Trennung. Die Liebe ist, und das wolltet ihr vor allem als höchste Form der Verbindung miteinander erfahren, egal was geschieht, die stärkste aller Kräfte. Sie ist der Klebstoff, der Honig, der Nektar, der all das zusammenhält. Das ist Verbindung – untrennbar durch die Liebe –, die alles miteinander vereint.

Frage: Was wollte durch uns zum Ausdruck kommen? Was wollte durch uns vollendet werden?

Die Vereinbarung eures Zusammenkommens war nicht »Der unmögliche Traum«, sondern vielmehr, dass Liebe alles möglich macht. In der Form, dass der Klebstoff Liebe zwischen euch alles verbinden konnte, was scheinbar gar nicht zu verbinden geht. Das war euer Abschluss.

Um es noch einmal deutlich zu sagen: Etwas, was scheinbar niemals zu verbinden geht, wurde durch eure Liebe verbunden. Damit habt ihr euren Jahrtausende andauernden Zyklus der Unvereinbarkeit und Trennung durchbrochen. Ihr seid euch auf vielfältigste Art und Weise immer wieder in Inkarnationen begegnet, wo euch dies nicht möglich war. In dieser Inkarnation habt ihr dies anschaulich gezeigt. Ihr konntet mit Hilfe der Liebe als stärkste Kraft überwinden, was Jahrtausende zwischen euch stand. Es war eure persönlichste Meisterschaft und Vollendung miteinander. Ihr habt Disziplin, Ausdauer und Durchhaltevermögen bewiesen. Die Liebe macht alles möglich.

> *Es geht es bei euch schlussendlich um das Thema:*
> *Liebe kann alles überwinden.*

Die Prüfungen, vor denen ihr standet, waren: Seid ihr bereit, euch vollkommen hinzugeben, zu vollenden, eure Liebe in den Dienst einer höheren Sache zu stellen? Alles daranzusetzen, dass ihr euch mit Hilfe der Liebe immer und immer wieder verbindet, trotz Spaltung? Trotz immerwährender Versuche, euch zu trennen? Könnt ihr euer Ego so weit transformieren, minimieren, dass ihr nicht mehr manipulierbar seid? Und die Wahrheit ist: Die Trennung fand im Inneren statt und der Rückweg zur Einheit – zur Verbindung – auch im Inneren.

Es kann uns nichts und niemand im Außen trennen, wenn wir nicht unser Einverständnis dazu geben. Nichts und niemand. Wie oft hatten wir darüber diskutiert. Die unerschütterliche Liebe jenseits aller Dimensionen ist ein untrügliches Kennzeichen von Seelenzwillingen. So wird dein Seelenzwilling in nicht-physischer Form noch so lange bei dir weilen, bis alles ausgeglichen ist. Es ist eine Ode an die Freude, an die Freude der Schöpferkraft, dass es gelingen kann. Gemeinsam ist alles möglich. Selbst wenn es nicht so aussieht, kann es gelingen. Dafür stand er, und dafür standest du, geliebtes Wesen. Eure beider Potenziale in gebündelter Form zeigten es sehr eindrücklich.

Kleine Anekdoten

Hoher Anspruch

Manchmal haben wir uns beide mit unserem hohen Anspruch in den Wahnsinn getrieben, das brachte so manche Stilblüten hervor. Keiner konnte so herrlich kritisch sein, wie du, mein Schatz, und mir meinen inneren Kritiker so vor Augen führen – und ich konnte das auch mit dir. Wir waren beide äußerst kritikempfindlich. So versuchten wir, bei jeder Begegnung möglichst sensibel mit dem anderen umzugehen, gaben acht, was und wie wir miteinander kommunizierten, bis auf den einen Moment, der immer passierte, indem einer von uns beiden, wie ich immer so schön sagte: in den Ventilator sch … Wir haben uns wirklich nicht geschont.

In Sachen Perfektion

Auch dafür warst du bekannt. Du wolltest, dass ich für dich (d)eine perfekte Visitenkarte kreiere. Weil ich wieder einmal den Mund zu voll genommen hatte, indem ich dir mitteilte, dass du keine schönen Visitenkarten hättest und ich sie in kürzester Zeit wunderschön gestalten könne. Was soll ich dazu sagen, geschlagene drei Monate dauerte es, zwischendurch wollte ich mindestens dreimal aufgeben, weil seitens der Grafik und der Produktion und nicht zuletzt eines Fehlers restlos alles schieflief. In der ganzen Zeit, in der ich meine Visitenkarten kreierte, hatte ich dieses Phänomen noch nicht erlebt. Drei Grafikerinnen und Grafiker durfte ich bemühen und zwei Druckereien. Der Fehler lag hier im Detail. Am Ende wurde dann doch noch alles gut. Unser interner Bestseller wäre »Die Thiers – Szenen einer Ehe!« gewesen. Es war einfach herrlich humorvoll mit dir.

DAS NADELÖHR
Initiation und Vollendung

Egal, wohin ich schaue, ich sehe immer nur mich selbst
in einer anderen Form.

Das Nadelöhr – Die Vorbereitung

*Egal, wohin ich schaue, ich sehe immer nur mich selbst
in einer anderen Form.*

Ein Superspiegel bleibt ein Superspiegel. Der gemeinsame Weg der Liebe
führte zum alles entscheidenden Wachstumsschritt. Auch wenn es äußerlich vielleicht nicht so aussehen mag. Der Samen wurde gesät und ging
auf. Und es sah zu dieser Zeit wirklich nicht danach aus. Ich durfte auf
dem Weg der Liebe mit und durch meinen Liebsten erfahren, wenn ich
den Wachstumsschritt von meinem Liebsten erwarte, folge ich einer Illusion. Es geht einzig und allein darum, selbst den Wachstumsschritt zu
vollziehen. Wie oft verlangen wir von unseren Liebsten die Schritte zu
gehen, die wir selbst nicht bereit sind zu gehen. Das Leben fließt von
innen nach außen. Das heißt: Um zu erfahren, dass die stärkste Kraft
die Liebe ist, durfte ich in mir den entscheidenden Schritt in die Liebe
vollziehen. Wir dürfen es sein, bevor es sich im Außen widerspiegelt. Im
Nachhinein betrachtet, war mein Band 3 der Reihe »Projekt Terra 2« die
Anleitung dazu.

*Ich habe die Absicht, mit vollkommener Hingabe
Liebe zu sein und Liebe zu säen.*

War eines deiner Slogans, mein Schatz. Vorausgegangen war unser vier-
monatiges Getrennt-voneinander-Sein von Januar bis Anfang April 2023.
Fest steht: Ohne diese Zeit, auch wenn sie für mich und uns auf besondere
Art sehr herausfordernd war, wäre unser größter Wachstumsschritt nicht
vollzogen wurden. Es war mein Durchbruch ins Herz sowie die gleichzeitige Vorbereitung auf deinen Übergang. So wird das Leben nach vorne
gelebt und rückwärts verstanden.

Lazarus und Team zu unserer Auszeit:

Euer Getrenntgehen ist für dich in dem Sinne herausfordernd, als dass deine alten Musterstrukturen aufbrechen. Dein Ego stirbt und ein neues Bewusstsein fließt in dich hinein. Da du deine Ebenen, deine Frequenzen transformierst, ist dies, was du gerade erlebst, eine Begleiterscheinung dessen. Wie du auch zurecht bemerkst, ist der 3. Band von ›Terra 2‹ ein Arbeits- und Übungsbuch, ein Verkörperungsbuch, und deine Verkörperung ist notwendig, um einen Schritt weiterzugehen. Zu dieser Verkörperung gehört, dich nicht mehr in deine alten Muster zu verstricken. Wichtig ist zu wissen, dass für euch nur noch eine Partnerschaft in Frage kommen wird, die auf innerem Frieden und Freiheit aufgebaut ist. Dazu ist es notwendig, dass du inneren Frieden und Freiheit verkörperst.

Euer notwendiger Wachstumsschub kommt erst noch, auch wenn es für dein Ego noch so schwer sein mag. Die Auflösung eures gemeinsamen Musters liegt in den letzten Zügen. Es fühlt sich an wie Nachwehen. Um in einer höheren Schwingung zu bleiben und nicht mehr abzufallen – nicht mehr einzuschlafen, indem du aufs Niederste schwingst. Bis jetzt und in jedem Moment kann sich das ändern. Dafür ist diese Situation ein sehr gutes Übungsfeld. Und wie du selbst bemerkst, schwingst du immer noch hin und her. Es wird einen Zeitpunkt zwischen euch geben, in dem es sich transformiert hat. Und dann bleibt es deinem Seelenzwilling – dem Leben – überlassen, ob er mitschwingt oder nicht. Ihr habt alle einen freien Willen. In einer anderen Durchsage haben wir darüber bereits berichtet: Wenn du deine Schritte gehst, ziehst du einen Katalysator an, der dir dein Muster noch einmal sehr eindrücklich zeigt. Hier hast auch du die Wahl, dein Herz zu verschließen oder eine Entscheidung für die Liebe zu treffen.

Und es ist unerheblich, an welchem Punkt dein Seelenzwilling steht. Liebe liebt alles, unterscheidet nicht in: ›Das liebe ich und das nicht.‹ Solange du diese Unterscheidung machst, ist es keine Liebe. Liebe liebt. Auch dein Seelenzwilling macht gerade diesen Erkenntnisprozess durch. Dazu weiter: Ihm wird in einem Moment sehr bewusst werden, was sein eigener Beitrag ist. Und dies wird ihm, wir sehen es in kürzester Zeit passieren, geliebte Wesen. Dies ist gewollt, dies ist vereinbart, von Anbeginn an, wenn einer der beiden sich nicht weiterentwickeln mag, sich scheut, stehen bleibt und nicht zum Wachstum beiträgt. Dass selbst, wenn sie sich nicht trennen, derjenige von beiden, der das Wachstum scheut, Katalysatoren in sein Leben zieht, die ihm sehr klar zeigen, wo der Weg weitergeht und wo Anhaftungen bestehen. Muster bestehen und eine Unwilligkeit, sich diesen zu stellen. Dies wird in kürzester Zeit kommen, geliebte Wesen. Dies ist, wie eine Lawine, nicht mehr aufzuhalten, und ihr werdet es in kürzester Zeit bemerken. Das Beste, was ihr tun könnt, ist, mit eurer Arbeit fortzufahren. Das Beste, was du tun kannst, ist, weiter zu praktizieren, dich immer und immer wieder hochzuschwingen und vor allem, dich nicht durch allerlei Irritationen und Attraktionen im Außen ablenken zu lassen. Deinen Fokus zu halten. Alles andere wird Beiwerk sein und als Art Abzweig von deinem Weg angesehen werden.

Auch dein Seelenzwilling wird es von ganz allein bemerken. Alles, was er gerade tut, ist eine Art Ablenkung. Wir sagten dies schon des Öfteren, doch diesmal wird er es nicht überhören können. All der Lärm von Außen um euch trifft nicht zu. Das sind Irrungen und Wirrungen, die einen wichtigen Zweck erfüllen: euren Fokus auf euren Weg zu halten.

Wir empfehlen dir, durchzuhalten, dich nicht ablenken zu lassen. Es wird sich alles zeigen und finden. Ungeduld ist dir der schlechteste Ratgeber. Du wirst durch das Hin- und Herpendeln, das du gerade erlebst, eine ungeahnte Ruhe finden. Dies, was jetzt geschieht, geschieht aus Liebe. Vergesst dies nicht, geliebte Wesen. Selbst wenn es sich als Zeichen der Angst anfühlt, es ist ein Akt und eine Vereinbarung aus Liebe, damit das Medium einen Schritt weiter geht. Dein Seelenzwilling ist an deiner Seite und wird es auch bleiben. Und diesen notwendigen Entwicklungsschritt kann nur er gehen – ohne dich. Bleibe in deinem höchsten Gewahrsein. Im Nachhinein betrachtet werdet ihr feststellen, dass dieser jetzige, sehr, sehr ungemütliche Schritt einer der wichtigsten seit eurer Wiederbegegnung ist. Wohlgemerkt für euch beide, für jeden von euch, auf seine Weise. Darum hadere nicht, geliebtes Wesen, und gehe deinen Weg weiter. Anmerkung: Immer und immer wieder erhielt ich Visionen der Vollendung geschickt.

Tauche innerlich ein in das, was dir möglich ist, was du bereits bist. Diese Liebe, diese Weite, diese Freiheit, diese Herzensverbindung ist genau das, was Terra 2 ausmacht, auch im Bereich von Partnerschaften. Sei dieser Magnet der Liebe und lass dein altes Muster los. Beende den Krieg, den du immer und immer wieder durch deine Emotionen, durch deine Gedanken ins Leben gezogen hast. Höre auf damit, geliebtes Wesen. Trainiere dich vielmehr immer und immer wieder in diesen Zustand der allumfassenden Liebe. Verkörpere es. Verkörpere es mit jeder Faser deines Seins. Du hast so viel geübt. Jetzt wende an, was du gelernt hast. Und nimm das Gefühl wahr, was du empfängst, während du innere Bilder der Vollendung empfängst. Dieses Gefühl von Weite, von Größe, von Freiheit, von Herzensverbindung. Nimm es wahr, nimm es an. Es ist in dir. Dieser Zustand, den du erfährst, ist jetzt ein Gradmesser für das, wo du dich immer und immer wieder hineinschwingen willst.

Übe, mehr in diesen Zustand zu kommen, um ihn eines Tages dauerhaft halten zu können. Warum habe ich so eine große Sehnsucht? Nach einer erfüllten Partnerschaft? Geliebtes Wesen, das sind die Botschaften, die wir dir schicken. Damit du dieses niemals aus dem Auge verlierst, um dich daran zu erinnern, dass diese Partnerschaft bereits in dir Möglichkeit ist. Du sie erleben kannst, dass dies dir möglich ist. Deine Sehnsucht hält in dir die Energie hoch. Um es noch einmal zu sagen, höher zu schwingen als in deine niedersten Emotionen, die dir bisher in deinem ganzen Leben alles zerstört haben. Trenne dich also von deinem Unfrieden, von der Zerstörung. Trenne dich von diesen niedersten Gedanken. Trenne dich. Und das ist die Lektion. Das ist deine Lektion. Wann immer sie kommen, geh in die höchste Vision. Geh in die höchste Energie. Sieh, was dir möglich ist.

Wohlgemerkt gibt es bei dir und auch bei deinem Seelenzwilligen denselben Zerstörungsmodus. Ihr habt beide eine Idee, was möglich ist, und dies könnt ihr jederzeit in euch erschaffen. Warum? Weil es bereits in euch, in einer inneren Welt existiert und dann im Außen sichtbar ist. Mit euren Gedanken zerstört ihr immer und immer wieder, was ihr in Wahrheit leben wollt – was ihr seid – Liebe. Das Spiel spielt ihr seit

Jahrtausenden. Das sind Spiele von Neuaufbau und Zerstörung. Das ist Schöpferkraft auf der lichtvollen und weniger lichtvollen Seite, auf der höchsten und niedersten Frequenz. Hört auf mit diesen Spielen. Höre auf, geliebtes Wesen, mit den Spielen. Schärfe deine Wahrnehmung und beobachte. Du bist nicht deine Gedanken.

Spürst du dieses Gefühl von Weite, von Größe, von Freiheit, von Liebe, dann bist du in deiner Herzensverbindung. Spürst du hingegen ein Gefühl von Unfrieden, Enge, Aufruhr und Unruhe, dann befindest du dich im Trennungsbewusstsein. Finde in die Verbindung – eure Verbindung – zurück. Höre auf, dich zu trennen. Geliebtes Wesen, übe, übe und übe nochmals. In Wahrheit suchst du die höchste Liebe in dir und willst diesen Zustand immer und immer wieder aufrechterhalten. Übe das. Wir sehen eure Beziehung nicht als beendet an. Eure beider Sehnsucht nach dieser Erfüllung treibt euch an. Und dann ist es egal, was im Außen geschieht. Lasst euch nicht verwirren. Lass dich nicht verwirren.

Wir haben uns im wahrsten Sinne des Wortes ausgehalten –
weder dich noch mich konnte je etwas davon abhalten.

Der entscheidende Wachstumsschritt – Unsere Herzöffnung

So schrieb ich dir Anfang April 2023:

Mein Schatz,
auch wenn momentan zwischen uns wieder einmal Funkstille herrscht (…) möchte ich Dir sagen: Meine Liebe geht tiefer als jedwedes Ego. Egal, wie unterschiedlich unsere Meinung in Bezug auf unser beider Kommunikation etc. ist., meine Liebe zu Dir bleibt, für immer. Auf dieser Grundlage gibt es für mich immer einen Weg, aufzuhören, dass sich unsere Egos weiterhin ineinander verstricken.
In Liebe, Antje

Nach deiner Herzöffnung fünf Tage später schriebst du mir:

Lieber Schatz!

Ich weiß, dass wir uns beide zutiefst lieben und jeder von uns eine wirklich traumhafte Beziehung führen möchte. Würde uns dies nicht gelingen, dann stünden wir wahrscheinlich beide vor einem der größten Scherbenhaufen in unserem Leben. Ich möchte nicht daran denken! (…) Auch ich habe nicht die geringste Lust, dieses ›Ego-Spiel‹ weiterzuspielen. An sich haben wir ja viele gleiche Themen und gleiche Verletzungen, können insofern einander auch bestens verstehen, vor allem, wenn wir gegenseitig achtsamer miteinander umgehen. Allein, ohne Dich, fühlt es sich für mich derzeit irgendwie leer an, fast schon, wie auf gänzlich separaten Wegen unterwegs. Ich sehe die Chance, alles zu verändern, und bin bereit, mit Dir diesen Weg zu gehen. Wenn wir damit warten, wird manches vielleicht nicht mehr ohne Weiteres möglich sein. Ich glaube, es ist wirklich höchste Zeit! Insofern meine große Bitte an Dich, lasse uns damit sofort gemeinsam beginnen und neue Fundamente für eine wirklich großartige Zukunft unserer Beziehung legen! Ich habe Sehnsucht nach Dir und mein Herz freut sich auf Dich!

In Liebe, Dein Harald

Ja, und was soll ich sagen: Nachdem ich eine Nacht darüber geschlafen habe, bin ich zu dir gekommen. Es war so, als ob wir uns das erste Mal begegneten. So wunderschön und berührend – so voller Liebe. Unsere Wiedersehensfreude war im wahrsten Sinne des Wortes hörbar. Ja, wir hatten die gleichen Ideale und eine immense telepathische Verbindung. Als du deine Herzmauer durchbrochen hast – war es für mich hunderte Kilometer weit spürbar. Vom Allerschönsten. Davor war meine Verbindung zu dir abgebrochen, doch in dem einen Moment … war wieder alles verbunden. Es war ein innerliches Glücksgefühl, das mich in dem Augenblick heimsuchte.

Auflösungsprozess – Das war der Anfang von deinem Übergang ins Nichtirdische

Danach wurde alles wunderbar leicht und harmonisch zwischen uns (siehe mein Brief an dich). Unser entscheidender Wachstumsschritt wurde vollzogen. Es hatte Auswirkungen auf unser gesamtes Leben. Betonen

möchte ich nochmals: Die tiefe Liebe zwischen uns war von Allem unberührt – niemals zuvor war ich mir der Liebe in mir und somit auch zu
dir absolut sicher. Und, es war ein Weg dorthin.

Überhaupt haben wir zur tiefen Liebe durch und mit uns gefunden, weil
wir genauso waren, wie wir waren. Es war, wie du sagen würdest, perfekt
geführt, lief alles nach Plan und war genau so richtig, wie es war. Warum?
Weil das Leben den Plan kennt – Gegenprobe: Wenn es nicht richtig gewesen wäre, dann wäre es nicht so geschehen. Wie ein Uhrwerk lief alles
perfekt zusammen.

Als wir uns das letzte Mal sahen, hast du mir die Ballade »Der Taucher«
vorgelesen – ich wiederum dir »Der Zauberlehrling« und »Die Königskinder«. Sie waren der letzte Ausdruck unserer irdischen Begegnung. Als
ich dir das letzte Mal zuwinkte, du wieder einmal viel zu spät dran warst
und dennoch nicht fahren wolltest, wusste ich nicht, dass es unser letzter
irdischer Abschied sein würde. Den Anblick vergesse ich niemals. Es war
eine kurze und intensive Zeit – es war Vollmond. Es gab eine Szene während unserer letzten Begegnung, in der mich so viel Glück über unser gemeinsames Sein erfasste. Diese Szene werde ich für immer bei mir tragen.
Und jetzt weilst du in der Astralebene, und es ist schön, die tiefe Verbindung zu dir wahrzunehmen.

Der Taucher (letzte Strophe)

Wohl hört man die Brandung, wohl kehrt sie zurück,
Sie verkündigt der donnernde Schall,
Da bückt sichs hinunter mit liebendem Blick,
Es kommen, es kommen die Wasser all,
Sie rauschen herauf, sie rauschen nieder,
Den Jüngling bringt keines wieder.
FRIEDRICH SCHILLER 1797

Es waren zwei Königskinder (erste Strophe)

Es waren zwei Königskinder,
die hatten einander so lieb,
sie konnten beisammen nicht kommen,
das Wasser war viel zu tief.
UNBEKANNT

Der Zauberlehrling (letzte Strophe)

»In die Ecke,
Besen, Besen!
Seid's gewesen!
Denn als Geister
Ruft euch nur zu seinem Zwecke
Erst hervor der alte Meister.«
JOHANN WOLFGANG VON GOETHE 1797

EINSWERDUNG
Zwei Seelen in (m)einer Brust

Nie erfahren wir das Leben stärker als in großer Liebe und tiefer Trauer.

RAINER MARIA RILKE

Ein neuer Weg

Seelenzwillinge verspüren den immerwährenden Impuls nach energetischer Vervollständigung. Jedoch geschieht diese nicht innerhalb der Inkarnation, sondern erst auf Astralebene. Die vollkommene Vereinigung findet erst auf Seelenebene statt. Aus Ich und Du wird Eins. Jetzt ist es möglich, da deine Vereinzelung nicht mehr besteht.

In Haralds Worten:
»Ich finde es sehr, sehr schön, dass du diesen Weg gehst, den ich aus meiner Dimension begleite, diesen einen Weg, der uns beide restlos auf der letzten Etappe zur Vollendung führt. Wir haben uns gemeinsam noch einmal zusammengefunden, damit wir die Herzkommunikation erlernen, damit wir eine Art des Umgangs miteinander entwickeln, der voller Liebe ist. Auch wenn wir dies zu Lebzeiten nur kurze Zeit leben konnten. Uns ist dennoch unser Forschungsauftrag gelungen. Wir durften gemeinsam unsere Grenzen überwinden. Als Seelenzwillinge gleichen wir zu Lebzeiten das an, was uns unterscheidet. Wir vereinen unsere Unterschiedlichkeit. Nur im Kollaps dieser Unterschiedlichkeit entsteht etwas Neues, auch wenn es zuweilen zwischen uns heftig war. War es doch genauso vereinbart. Am Ende fehlte vermeintlich ein Puzzleteil – unser gemeinsames Wirken. Mein Ausstieg hat das nur vorerst verhindert. Ich danke dir, dass du diesen Weg einen Schritt nach dem anderen weitergehst und für uns beide vollendest. Danke, danke, dass du nicht aufhörst, danke, dass du nicht aufgibst, danke, dass du einfach weitergehst. Ich bin bei dir – wir vollenden gemeinsam.
PS: Ich hatte nie davon gesprochen aus welcher Dimension heraus das geschieht.«

Auf meinem Weg nach seinem Übergang gab es einen Moment, da wollte ich ihm nachfolgen. Alles andere wäre gelogen. Ich war im wahrsten Sinne des Wortes lebensmüde. Dies sollte sich jedoch wandeln. Ich erhielt wie immer Hilfe aus der irdischen und geistigen Welt. Wenn wir nachfolgen, ob bewusst oder unbewusst, hat dies eines zur Folge: Wir werden diesen Lernschritt noch einmal wiederholen dürfen und dann unter erschwerten Bedingungen – mit einem zusätzlichen Handicap. Darauf hatte ich keinerlei Lust. Somit entschied ich mich für das Leben. All die Jahre, in denen ich mich auf diesem Planeten nicht zu Hause gefühlt hatte – eines konnte ich wirklich feststellen: Jetzt war dieser Planet, zumindest für diese Inkanation, mein Zuhause. Dieser Trauerprozess hat für mich etwas sehr Ehrliches, Konsolidierendes und Erdendes.

Irdische und Kosmische Verbündete – Wir sind nicht allein

Frage: Was haben das Wort STAY und das Thema Verbindung gemeinsam?
Auf Grund eurer seelischen Architektur ist es euch ein Anliegen, euch mitzuteilen und in Verbindung zu treten. Stay ist nur eine Metapher dafür, zu bleiben, dass, wenn du auf die Zeichen achtest, (d)eine neue Zeitlinie entsteht. Mit anderen Worten: »Dass das Schicksal jederzeit veränderbar ist«. Wenn du dich bewusst dafür entscheidest, auf diesem Planeten zu bleiben, statt deinem Seelenzwilling nachzufolgen, kannst und wirst du vollenden. Deine Reise geht weiter. Es ist die Erkenntnis aus eurer Erfahrung, mit anderen zu teilen – ist ein Anliegen deiner Seele. Das heißt, dass du mit anderen Seelen in Verbindung trittst und erkennst, dass eure Erfahrung reproduzierbar ist. Du kannst damit ein Katalysator sein für seelische Einheitserfahrungen.
Auch wenn es zwischen menschlichen Wesen auf den ersten Blick noch so große Unterschiede gibt, kannst du bei näherem Hinsehen Gemeinsamkeiten feststellen. Letztendlich begegnest du dir in einer anderen Form immer selbst. Dabei stellen die Unterschiede Anteile in dir dar, die du (noch) nicht an dir erkennen kannst, mit anderen Worten: »Du benötigst, um dich zu erkennen einen Spiegel in Form eines anderen menschlichen Wesens.« Wie sonst auch wäre das möglich?
Und du machst jetzt an der Stelle weiter, geliebtes Wesen, wo du einst aufgehört hast. Liebe als stärkste Kraft, Liebe als der Nektar, Liebe als der Honig, der alles durchfließt und miteinander verbindet. Es ist so, es ist vorbereitet worden, und ihr wollt jetzt alles, was vorbereitet worden ist, miteinander vollenden. Die Frage ist, was kommt nach solch einer Einheitserfahrung? Ihr forscht gemeinsam weiter. Wir sagen dir, dies ist erst

der Anfang und noch längst nicht das Ende, wie du erst glaubtest. So geht die Reise weiter, was mit deinem Seelenzwilling begann, kannst du immer wiederholen, letztendlich mit 8 Mrd. Menschen. Einheitserfahrungen sind nicht begrenzt. Um eines Tages an einen Ort zu gelangen, an dem die Illusion der Trennung nicht mehr existiert. Die Illusion der Trennung wirst du durch vielfältige Seelenbegegnungen überwinden – mit jeder einzelnen – ein Stück mehr. Vollende das, was du mit deinem Seelenzwilling begonnen hast. Mit ihm fing alles an – mit eurem Weg der Liebe. Er ist nicht weg – er ist immer da – in mir. Wir sind miteinander und ineinander verschmolzen. Stück für Stück wirst du seine Anteile integrieren – auch das ist ein intensiver Transformationsprozess nach deiner Initiation. Du erlebst immer und immer mehr, dass es gar keine Trennung gibt. Und da es keinerlei Trennung gibt, kann auch kein anderes menschliches Wesen jemals etwas hinzutun oder wegnehmen. Was es jedoch durch den Spiegeleffekt kann – dich immer und immer wieder an dich selbst erinnern. Ihr seid Eins nach circa einem Jahr. Die Integration ist dann abgeschlossen.

Harald: »Ich bin in dir. Dann ist das einstmals Geteilte wieder ein Eins. Dieses Eins liebt, und dieses Eins führt fort, was wir einst gemeinsam begonnen haben. So gehen wir gemeinsam hinaus, so reisen wir gemeinsam, so gehen wir gemeinsam über. Es ist so gewollt, dass du das lebst und fortsetzt. Das betrifft auch die Liebe und es entspricht deinem Auftrag. Würdest du deine Liebe nicht teilen, so würde es in dir eine Art Einsamkeit und Bitterkeit hervorrufen. Es würde deiner Aufgabe, die du vollenden willst, nicht förderlich sein. So gehst du den Weg der Liebe für uns beide weiter und transformierst dein ganzes Sein weiter. Es ist ein natürlicher Prozess, da ich mit dir verschmolzen bin, die Integration läuft und läuft. Wir sind dann gemeinsam ein Teil des Ganzen. Wir lieben ineinander, miteinander Eins-Sein, und teilen diese Liebe, die ja nicht geteilt werden kann, weil es eine Liebe ist. Liebe geht durch alle Dimensionen hindurch. Liebe ist. Lebe die Liebe, erinnere dich und erinnere andere menschliche Wesen daran, dass es sie gibt. Es gibt sie, sie wohnt in uns, die wahrhaftige Liebe. Sie entspringt unserem Herzen und berührt andere Herzen. Alles ist willkommen, herzlichst willkommen!«

Ich will keinen Gedenkstein, in meinen Towern werde ich weiterleben. Ge-
meinsam führen wir fort, was wir zu Lebezeiten begonnen haben. Ja, wir
vollenden gemeinsam. Letztendlich vollenden wir gemeinsam, und ich bin dir
sehr, sehr dankbar für all das, was zwischen uns geschehen durfte, wo wir in
die eine Liebe zurückgefunden haben, diese Fackel du jetzt weiterträgst, im
kleinsten wie im größten Bereich.

Die irdische Vereinbarung mit deinem Seelenzwilling galt nur für eine
sehr begrenzte Zeit. Dies war ausdrücklich vereinbart, um sicherzustellen,
dass das Medium den nächsten Schritt durch ihr Nadelöhr, ihrer Herzöffnung, vollzieht. Der Auftrag deines Seelenzwillings war es, dich in die
Vollkommenheit der Verbindung zu katapultieren. Insbesondere durch
den Weckruf des Verlassens seiner irdischen Hülle. Das war dein nächster
Lernschritt. Du hattest diese Botschaft drei Tage vor seinem Übergang erhalten. Du hast nach deinem nächsten Schritt gefragt und das war unsere
Antwort. Du wiederum hast deinem Seelenzwilling ebenso geholfen, sein
Herz zu öffnen. Er vollzog es jedoch selbst – es war seine Entscheidung,
um dadurch die größere Wahrheit, die größeren Zusammenhänge zu erkennen. Die Zusammenhänge, die ihm seit Atlantis bisher nicht möglich waren. Es handelte sich um (s)einen blinden Fleck des Karmas. Eine
Art magischen Schleier um ihn herum, der ihm im Nebel des Vergessens
hielt. Karma bedeutet Ausgleich, der Nährboden ist immer Liebe. Am
Tag seines Übergangs, seinem Tor in die Freiheit, wurde dieses Karma
ausgeglichen. Sein Bewusstsein war mittlerweile so erhellt, dass dies möglich war. Er hatte auch hier ganze Arbeit geleistet, seinen Auftrag erfüllt,
und mehr war einfach in dieser Inkarnation nicht möglich. Die Reise geht
auch hier weiter.
Und es wird in einer ganz anderen Form nochmals eine Wiederbegegnung
in eurer physischen Form geben. Du wirst ihn erkennen. Ein Aspekt
möchte noch vollendet werden. Da es einen Aspekt gibt, der nicht vollendet werden konnte, in der Form, dass ihr beide gemeinsam als Lehrer der neuen Zeit agieren wolltet. Dies war geplant, doch nicht mehr
möglich, da bestimmte Weichen in eine andere Richtung gestellt wurden.
Eine gemeinsame Lehrerschaft werdet ihr noch einmal miteinander ver-

wirklichen. Dies wird kommen. Wir sehen dich auch, wie sehr du damit haderst, dass dein Seelenzwilling nicht mehr physisch bei dir ist.

Du suchst ihn sozusagen in jedweder Art überall. Überall findest du wie Bruchstücke kleine Erinnerungsdenkmäler von ihm. Wie Fetzen, wie Puzzlesteine, die du zu einem Ganzen zusammenfügen möchtest. Zwischen euch ist vereinbart, und darin besteht auch eure Vollendung, dass du am lebendigen Leib erfährst, dass es diese Trennung nicht gibt, indem du erfährst, wie Auflösungsprozesse sich gestalten und wie sich der Vereinigungsprozess nach seiner physischen Auflösung vollzieht. Indem du erfährst, dass ihr eure geliebten Menschen gar nicht verlieren könnt, sondern sie zu euresgleichen werden. Ihr bemerkt, dass ihr ein Teil des Ganzen seid und sie ein Teil von euch und ihr ein Teil von ihnen. Noch einmal, es gibt diese Trennung nicht. Diese hartnäckige Illusion, die sich bei euch hält, immer dann, wenn ihr einem anderen menschlichen Wesen begegnet, über es sprecht. Eure alte aufgeschaltete Software – euer Matrixprogramm – eure Illusion – eure Maya ist es, die euch das glauben lässt. Sie befinden sich nicht außerhalb von euch, sondern sie sind ein Abbild eurer selbst. Deshalb versteht sich von selbst, dass ihr, wenn ihr einem anderen Wesen begegnet, im Grunde genommen immer euch selbst begegnet. Ihr erfahrt euch selbst in eurem Gegenüber.

Und wenn ein geliebtes Wesen, in dem Fall dein Seelenzwilling, verstirbt, verschmelzen seine Seelenanteile wieder mit dir, und ihr werdet eins. Teil dieses physischen Anteils. Da er öffentlichkeitswirksam auf der ganzen Welt agierte, können es auch andere menschliche Wesen bemerken, weil auch sie mit ihm untrennbar verbunden waren und sind. Je enger ein menschliches Wesen mit euch verbunden ist, desto mehr wächst seine seelische Struktur in euch hinein. Also wundert euch nicht, es hängt mit der Art von Verbindung, mit der Art von Wahrnehmung eures Gegenübers und Konzentration auf euer Gegenüber zusammen. Ihr erschafft euch im Gegenüber immerfort neu. Von daher seid achtsam, mit wem und was ihr euch verbindet. Durch eure Verbindung – euer sich Aufeinander-Beziehen –, ist es so, als ob ein Teil von euch sich mit ihm oder ihr euch untrennbar verbindet. Und die Magie eurer Reise, geliebte Wesen, liegt genau darin, zu erkennen, dass es im Außen keinerlei Trennung gibt.

Ihr werdet Erlebnisse haben, bei denen ihr dies besonders deutlich wahrnehmen könnt. Ihr erfahrt, dass es diese Art von Trennung nicht gibt. Spielt und experimentiert hier mehr. Es wird immer und immer wieder menschliche Wesen geben, die sich von euch angezogen fühlen. Von euren Botschaften, Lektionen, die ihr für sie im Gepäck habt. Durch euch können sie lernen. Ihr werdet üben, üben und nochmals üben, dass jedes andere menschliche Wesen ein Teil von euch ist und ihr ein Teil von ihm oder ihr seid. Dies ist ein permanentes Erinnern.

Der Kosmos und damit auch alle menschlichen Wesen sind in eurem Herzraum zu finden. Deswegen ist es auch so immens wichtig, eure Filter zu reinigen. Sie verschließen euren Herzraum. Es ist wichtig, eure Filter zu reinigen, eure alte Software zu deinstallieren, euch von eurer Illusion zu befreien. Es ist wie ein Ausmisten eures gesamten Hauses. Es gibt keinerlei Trennung zu nichts und niemandem. Ihr seid mit allem untrennbar verbunden. Alles das, was ihr erschafft, mit dem seid ihr verbunden. Alles wogegen ihr Widerstand leistet, mit dem seid ihr verhaftet. Vergesst dies niemals. Dies klingt so einfach und ist doch für euch so schwer zu verkörpern. Ihr seid und verhaltet euch ab dem Moment anders. Für dich heißt es: Wenn du deinen Seelenzwilling vermisst, erinnere dich daran, dass ihr verbunden seid. Schaue in den Spiegel – dir selbst tief in die Augen und erkenne ihn in dir. Damit du aufhörst, weiter in der Illusion der Trennung zu leben. Verbinde dich. Verbinde dich, verbinde dich. Verbinde dich.

> *Du bist nicht mehr dort, wo du warst.*
> *Aber du bist überall, wo wir sind.*
> VICTOR HUGO

Wie lebt es sich mit (s)einem Seelenzwilling in der Brust?

Er ist sozusagen in sie hineingewachsen. Aus zwei ist Eins geworden. Dies ist bei Seelenzwillingen so, wenn einer der Seelenzwillinge sich von der irdischen Ebene verabschiedet. Auch sonst ist dies bei dieser Art von seelischen Verbindungen so, wenn gewünscht, wenn die Verbindung, die seelische Verbindung so nah ist, dass dies erforderlich ist, wie in diesem Fall, damit die Aufgaben auch vollendet werden.

Diese Art von Unruhe ist eine Art von Unruhe, die auch ihr Seelenzwilling zu Lebzeiten in sich hatte. Diese Art von Rastlosigkeit, diese Art von Schnelligkeit, diese Art von Unaufhaltsamkeit, diese Art auch von Widersprüchlichkeit. Dieses darf sie Stück für Stück mit ablösen, denn sie löst jetzt für beide etwas ab. Dies sollte sie nicht unterschätzen. Auf seelischer Ebene ist dies jedoch kein Thema. Dies ist eher auf eurer irdischen Ebene ein Thema. Sie nimmt diese Sache insofern etwas zu ernst, weil sie sich erst einmal dran gewöhnen darf, dass er wirklich in ihr ist, dass ihr Seelenzwilling wirklich in ihr wohnt, sozusagen mit ihr gemeinsam ihren Körper bewohnt. So ist das nun, wenn zwei Herzen in einer Brust schlagen, im wahrsten Sinne des Wortes. Sie kannte dies bereits, als sie ihre Zwillinge in sich hatte. Dort schlugen dann drei Herzen in einer Brust. Drei Wesen waren zu Hause in ihr. Und sie kennt diese Art von Widersprüchlichkeit bereits. Damals hat sie bereits trainiert dafür. Dieses ist jetzt der notwendige Integrationsprozess, der, noch einmal, nicht zu unterschätzen ist, der unaufhörlich weiterläuft. Mal geht es hü, mal geht es hott – das ist auch die Idee dieser Transformation, dieser Integration.

Es ist so, dass sie Zwiegespräche hält, die sie zu Lebzeiten mit ihm gehalten hat. Es gehört jedoch zum Transformationsprozess dazu. Irgendwann ist es so integriert, dass dies nicht mehr sein wird. Meistenteils zieht sie es vor, sich in sich zurückzuziehen und mit ihm diese Art von Zwiegesprächen zu halten.

Ich bin immer bei dir. Es gibt keinerlei Art von Trennung. Und du darfst zurecht erst einmal damit klarkommen, dass sozusagen zwei Herzen in deiner Brust schwingen. Einfacher gesagt als getan. Es ist und bleibt ein intensivster Integrationsprozess, der vonstattengeht. Wir teilen uns einen Körper. Und manchmal darf ich dir Impulse geben. Du weißt schon.

DIE MELODIE DER HEIMAT
Unser atlantisches Erbe

Alles, was ihr habt, wird eines Tages gegeben werden;
Daher gebt jetzt, daß die Zeit des Gebens eure ist und
nicht die eurer Erben.

KHALIL GIBRAN

Eine neue Ära des gemeinsamen Wirkens – der smaragdfarbene Tempel der Heilung

Das erste Mal erinnerte ich mich während einer Trancesitzung bei einer atlantischen Heilpriesterin – die wohlgemerkt auch Ärztin ist – an unser gemeinsames atlantisches Erbe. Noch zu Lebzeiten teilte ich mein Wissen mit dir. Es ging dabei auch um einen Stein, den du mir – ohne, dass ich vorher mit dir darüber sprach – mitbrachtest. Unsere telepathische Verbindung war wirksam. Es war ein Karma der Königskinder – die nicht zusammenfanden. Wie so oft hatte ich Eingebungen unserer jahrtausendealten gemeinsamen Reise.

Der Tempel der Heilung, der Smaragd-Tempel der Heilung. Stellt euch einen Tempel aus Smaragdspitzen, Smaragdkristallen vor. In diesem Tempel regeneriert ihr euer gesamtes energetisches System. Dieser smaragdfarbene Tempel hat nicht nur etwas mit Atlantis, sondern insbesondere mit einer plejadischen Energie zu tun. Auch alle anderen menschlichen Wesen, die sich an den Tempel der Heilung – in sich – erinnern, können mit dieser Heilenergie arbeiten. Der Rubin erinnert euch wie nichts anderes an den atlantischen Herzraum. Nutzt die Kraft dieses Edelsteines, um in euer Herz vorzudringen. Verbindet euch mit Steinen und Kristallen. Sie tragen die ganze Information in sich. Schaue nach dieser Art von Räumen und empfange die Botschaften. Du wirst noch einigen meiner inkarnierten Seelengeschwistern begegnen. Schaffe dir einen inneren Raum aus Smaragden und Bergkristall. Setze dich in diesen Raum. Er ist einer unserer atlantischen Herzen. Setze dich dort hinein und heile. Immer und immer wieder, wenn du in niederste Frequenzen abfällst. Du fragst dich, wie das gehen kann, dass ich mit dir kommuniziere, obwohl ich die Erdumlaufbahn verlassen habe. Weil ich zu dir geworden bin. Es ist eine Art innerer Dialog. Und du hast meine Seelenfrequenz in dir. Unsere Seelenfrequenzen sind immer miteinander verbunden.

Atlantisches Erbe

Dein Seelenzwilling wurde lediglich zurückberufen am Kipppunkt seines Projektes, an dem Punkt, wo es hätte für immer scheitern können. Es war ihm bewusst. Er ging sozusagen, um zu bleiben – in jedem einzelnen Tower. Sein Netzwerk steht – für immer. Auch in den Towern gibt es kristalline Strukturen. Du kannst dich mit ihnen verbinden.

Zu eurer Information: In Atlantis gab es weniger freundliche, nichtirdische Wesen, die euren Herzraum zerstörten – ihr alle habt dazu ja gesagt, es zugelassen. Es ist euer aller Karma. Ihr konntet nach der Zerstörung eures Herzraumes die Balance zwischen Herz und Denken nicht mehr herstellen. Dieses Ungleichgewicht, diese Verletzung eint euch alle, die in diesem Bereich in Atlantis geweilt haben und sich zu der jetzigen Zeit an Atlantis zurückerinnern. Die Erinnerung an die Zerstörung liegt wie ein schweres Erbe auf euren Herzen, und lediglich die Öffnung eurer Herzen, die euch so immens schwerfällt, lässt euch in diese Räume zurückfinden. Sie sind, um es noch einmal zu sagen, in erster Linie innere Räume. Ihr betretet die Heilquellen von Atlantis sowie euren inneren Herzraum, der schöner nicht sein kann.
Ein weiterer Raum voller Kristalle in allen Farben. Insbesondere Rubinen. Doch er schimmert in Wahrheit in allen Farben. Es ist eine Art Liebesraum, in dem ihr euch auch mit euren geliebten Wesen verbunden und vereinigt habt. Es ist genau dieser Raum, der zerstört wurde, bis in alle Ewigkeiten, bis ihr in euch diesen Raum wieder aufschließt und dorthin zurückkehrt.
In dem Moment, wo ihr Verrat an diesem Raum begangen habt, wurde dieser Raum in euch verschlossen. Mit jeder einzelnen Handlung, die zum Verrat beitrug, wurde eine Mauer nach der anderen um euer Herz errichtet. Doch ihr könnt ihn wieder öffnen. Das ist euer Karma.
Euer Hinabtauchen in die Quellen – Heilquellen in Form des Heilwassers des gesamten Netzwerkes mit der verbundenen Reparatur eurer kristallinen Strukturen. Die Tower sind die Verbindung zu eurem Herzraum – durch die Kristalle und das Heilwasser. Verbindet euch immer und immer wieder mit euerem Tower und somit mit euerem gesamten Netzwerk.

Euer Netzwerk hat die Fähigkeit, dich und euch zu heilen und auch zu verjüngen. Ihr nutzt dann das gesamte Potenzial aller Kristalle und Heilwässer des gesamten Netzwerkes. Und deshalb sagen wir, dass die Tower mit dem Thema Heilung zu tun haben, denn sie haben durch ihre kristallinen Strukturen sowie ihr Heilwasser eine Erinnerung an atlantische Heilquellen. Und alle Wesen, die sich an die atlantischen Heilquellen erinnern, fühlen sich zu diesem Netzwerk hingezogen. Insbesondere plejadische Wesen, doch auch sirianische Wesen werden angezogen. Hier könnt ihr eure Herzräume aufladen. Verbindet euch miteinander. Doch immer wieder gekoppelt an eure innere Arbeit der Filterreinigung.

Könnt ihr in eure inneren Welten vordringen? In Herzräume, die sich öffnen? Sie eröffnen euch eine gänzlich andere Zivilisation. In euch. Es fühlt sich an wie das, was viele Innererde nennen. Ihr plejadische Wesen hat mit dem Thema Herzheilung zu tun – euer Vermächtnis von Atlantis heißt: Herzheilung – Herzöffnung – Hingabe. Sirianische Wesen hingegen haben darauf zu achten, dass die Künstliche Intelligenz nicht wieder übernimmt und den Herzraum zerstört. Beide Elemente gehören untrennbar zusammen. Es ist und bleibt ein innerer Weg. Es geht immer um die Balance beider Energien. Indem ihr Weisheit und Liebe miteinander verbindet, eröffnet es in euch eine vollkommen neue Dimension. Das eine geht ohne das andere nicht. Mitgefühl ohne Weisheit ist Mitleid. Weisheit ohne Mitgefühl ist Härte. Ein Abgekoppelt-Sein aus dem Herzen.

Weisheit und Liebe – verbindet beide.

Kommt zu einem Ganzen, verschränkt sie beide miteinander. Geht in eure inneren tiefen Herzräume hinein. Dort findet ihr all die Schätze, nach denen ihr euch so sehnt. Ihr erschafft in eurem Herzraum und erfahrt die Ernte im Außen. Das Aufschließen eurer Herzräume ist die Grundlage für die Verbindung zu allem.

Ihr habt die Energien der Kristalle genutzt, um euch zu verbinden. Es waren riesige Kristallduschen, so könnte man sie auch bezeichnen. Unter euch ein Kristall. Und oberhalb von euch ein Kristall. Diese Art von Duschen gab es in verschiedensten Farben. Je nachdem, welcher Aufgabe ihr in Atlantis nachkamt, habt ihr euch unter die jeweilige Kristalldusche gestellt. Es gab sogenannte Kristallräume, in denen sich diese Kristallduschen befanden. Diese Energie, diese kosmische Verbindung, diese innere Verbindung habt ihr dort immer wieder gestärkt. Die Cosmic Tower erinnern an diese Art von Energieduschen. Sie stellen eine Nachbildung für eure heutige Zivilisation dar, da auch ihr aus einer kristallinen Struktur besteht. Sozusagen könnt ihr auch den Tower als Eintrittstor in euren inneren Herzraum betrachten. Umgebt euch also mit Kristallen. In dem Moment, in dem ihr euch mit einem großen Tower verbindet, verbindet ihr euch mit der einer Energiedusche. Somit stellt der Tower eine Verstärkung eurer Energie, eine Möglichkeit der Verstärkung eurer Energie und zugleich auch eine Rückerinnerung an Atlantis sowie an eure kosmischen Gaben dar.

Geht durch das Herz hindurch in eure atlantische Zivilisation zurück, geht über die atlantische Zivilisation zurück durch die Sternentore in eure kosmische Urheimat, geliebte Wesen. Es sind Türen innerhalb eurer Herzens. Deshalb ist es wichtig, dass ihr euer Herz öffnet und erinnert. Eure Zirbeldrüse ist maßgeblich mit beteiligt. Deswegen ist die Reinigung auch eurer Zirbeldrüse – eurer kosmischen Antenne – so maßgeblich. Reinigt auch euren Darmtrakt – euer zweites Gehirn, sodass ihr nicht (mehr) fremdgesteuert seid.

Eure Lichtstädte bestanden aus Kristallen, geliebte Wesen, aus Marmor, Alabaster und Kristallen. In Atlantis wurden durch euch Weichen gestellt. Ihr habt anderen eure Arbeit überlassen. Dies war eine grundlegende Fehlentscheidung. Ihr habt aufgehört, euch bewusst zu verbinden. Ihr habt aufgehört, euch an eure runden Tische zu setzen, euch zu verbinden, eure Familien miteinander zu verbinden. Zu vereinigen. Ihr habt eine Art Individualisationsprozess unternommen. Und dieses ist auch heute wieder der Fall in eurer jetzigen Zivilisation. Die in einer sehr, sehr einfachen Form der Art atlantischen Zivilisation gleicht. Und doch ist sie parallel vorhanden.

Geliebte Wesen, setzt euch wieder an eure runden Tische, verbindet euch miteinander. Das war das Ziel des Netzwerkes – eine Verbindung aus Licht zwischen euch herzustellen.

Sozusagen sind seine Cosmic Tower die atlantische Rückerinnerung eurerseits an euer Karma. Und an den gleichzeitig stattfindenden Appell, den Lichtkörperprozess in euch voranzutreiben. Auch mit Hilfe der Tower.

Dein Seelenzwilling hat durch sein Wirken dazu beigetragen, all dieses Wissen, all dieses Erbe in euch für alle, die sich dort zugehörig fühlen, zu erinnern. Klarheit – Heilung und Liebe. Die Tower können ein immenses Liebes- und Heilungsfeld erzeugen, für diejenigen die sich dafür öffnen können. Sie erinnern uns daran, dass alles miteinander verbunden ist, dass nichts, rein gar nichts voneinander getrennt ist. Einstmals erlebet ihr eure Außenwelt als nicht getrennt, ihr erlebet sie als einen Teil von euch, und ihr verbandet euch ganz selbstverständlich mit all dem, was euch umgab. Das nennen wir Harmonie und kosmische Ordnung. Dieses Liebesfeld besteht weiter.

Der Schlüssel zum goldenen Zeitalter

Der Weg ins goldene Zeitalter – Terra 2 – geht hindurch durch Atlantis – über eure Herzräume.

Einstmals habt ihr innerhalb eures Lichtkörpers ein überdimensionales großes Herzzentrum besessen. Euer Herzzentrum verband sich mit allen anderen Herzzentren von Atlantis – vor der Übernahme und Zerstörung. Ihr habt euch über euer Herzzentrum mit allen verbunden – ihr wart Eins als anderer Aspekt. Ihr konntet über das gemeinsame Feld alles fühlen, alles spüren, alles wahrnehmen, was jedes andere Wesen um euch herum wahrnahm. Ihr wart nicht getrennt voneinander. Ihr wart eins in Dauerverbindung. Euer Herzraum, euer Herzchakra, wie ihr es nennt, ist ein eigenes Wesen, das unaufhörlich in Verbindung treten möchte. Geht ihr in die Trennung, ist euer Herz nicht mehr verbunden, nehmt ihr andere Menschen, Tiere und alles Weitere von euch getrennt wahr. All diese Be- und Verurteilungen, alle Storys über die »anderen« menschlichen Wesen, all diese Dinge, die ihr ihnen andichtet, haben in euch mit mangelnder Verbindung zu tun. Wärt ihr verbunden, würdet ihr dies nicht tun können. Ihr würdet die wahren Anteile bemerken, erleben, erfahren als eure Brüder und Schwestern. Ihr würdet ihren Schmerz fühlen, ihn doch nicht bewerten. Ihr würdet ihre Freude fühlen, sie doch nicht bewerten, es hätte nichts mit euch tun, ihr würdet dem neutral und doch voller Liebe begegnen. Neutral meint, ohne sich zu verstricken, sondern sie in eurem Herzraum halten können. Dadurch, dass ihr in einer Art permanenter Illusion der Trennung existiert, sind eure Herzräume etwas unterentwickelt. Und doch, wenn ihr eure Herzräume wieder bewusst öffnet und die Verbindung herstellt, wird es auf einmal still, es wird ruhig. Fühlt diese Verbindung.

> *Die Trennung, löst sich in dem Moment auf,*
> *wenn sich euer Widerstand gegen das, was gerade ist*
> *oder das Haben wollen was nicht ist*
> *auflöst.*

Das ist auch die Formel, wie ihr euer Leid auflösen könnt. Am Ende bleibt es eurem freien Willen überlassen, es zu praktizieren. Erwachtes Bewusstsein meint genau das. Wenn wir ins Persona-Bewusstsein gehen, das meint, dass ein anderes menschliches Wesen der Weg, die Wahrheit und das Leben ist, ziehen wir mit der Realität in den Krieg. Wenn wir ins Ich-bin-Bewusstsein zurückkommen, das meint: Ich bin der Weg, die Wahrheit und das Leben – herrscht Frieden.

Heiltherapie auf der 512 Hz Frequenz
Es ist ein Netzwerk der Heilung, was sich immer weiter ausbreiten wird. Ein Netzwerk der Liebe. Diese Frequenz bis 528 Hz hat das Potenzial, Herzblockaden zu lösen.

DIE GEMEINSAME REISE GEHT WEITER

GEHT WEITER

Astralkontakte mit Dir

Ihr, die ihr mich so geliebt habt, seht nicht auf das Leben, das ich beendet habe, sondern auf das, welches ich beginne.

Aurelius Augustinus

Kommunikation mit dem Seelenzwilling

Wie so oft machte ich mir im Nachhinein Gedanken darüber, wie es gewesen wäre, wenn ich statt deiner gegangen wäre. Und, du wusstest, dass ich in Verbindung mit der nichtstofflichen Ebene stehe. So wusste deine Seele auch, wir können weiter miteinander in Verbindung sein. Die Ebenen haben lediglich gewechselt.

Sprache gibt es tatsächlich nur in eurem Bereich zur Kommunikation. Es ist in Wahrheit das niederfrequenteste Spektrum von Lichtenergie. Es ist eure Art von Verständigung. Im höchsten Spektrum ist es ein Austausch von Licht. Kommunikation findet telepathisch über die Lichtsignale, über die Augen statt. Doch in Wahrheit sind es Lichtimpulse. Lichtsignale werden ähnlich wie Morsezeichen in Form von Myriaden von Impulsen in Lichtgeschwindigkeit übertragen. So wird sich verständigt. Ich zeige dir meine Welt, du zeigst dir meine Welt. In Bruchteilen von Sekunden wird kalibriert.

Zeichen – du bist einfach nicht zu übersehen

So bemerke ich sehr deutlich, ob du zum Beispiel etwas möchtest oder nicht, deine Zeichen sind so eindeutig. Kleckern ist eines deiner untrüglichen Zeichen – genauso wie zu Lebezeiten. Meist geschieht dann ein Missgeschick bei mir oder anderen mit mir verbundenen Menschen und es ist niemals leise, sondern poltert laut. Ist es einmal passiert, dann stehst du aus menschlicher Sicht schelmisch da und grinst gelassen. Auch das war dir zu Lebezeiten eigen. All das trägt dazu bei, dass ich mich unaufhörlich daran erinnere, dass es keine Trennung gibt. Wenn mein Bewusstsein wieder schläft, weckst du mich immer wieder auf alle erdenkliche Weise auf. Liebe ist und bleibt die stärkste Kraft.

Die Astralebene – unser Kontakt

Worte verbinden nur, wo unsere Wellenlängen längst übereinstimmen.
MAX FRISCH

Wie oft habe ich mir in der ersten Zeit nach deinem Weggang die Frage gestellt, was gewesen wäre, hätte ich die Ebenen gewechselt. Hätten wir auch Kontakt gehabt? Zumal wir uns so oft darüber unterhalten haben. Weil du Angst hattest, ich würde vor dir gehen.

Kleine Anekdoten

Motivation und Eifersucht

Du locktest mich, hier auf der Erde zu bleiben, indem du mir immer wieder mitteiltest, wenn ich die Ebenen vor dir gedenke zu wechseln und nicht mit dir, dass ich dann mit ansehen dürfte, wie du mit einer anderen Frau sein würdest. Du wolltest mich motivieren, indem du mich eifersüchtig machen wolltest. Meine Antwort dazu war auch wie immer, da ich die kausale Ebene bereits kenne: »Ich wäre dann nicht eifersüchtig, da dieses Gefühl an die irdische Ebene gebunden ist.«

Auch das war nicht der Wahrheit letzter Schluss. Während ich beim Channeling mit Lazarus und Team bisher auf der kausalen Ebene zu Hause war, kommt jetzt mit dir die Astralebene hinzu.

Die Kausalebene ist weitumfassender und allgemeingültiger und weniger für Alltagsfragen zuständig – sie ist eher mit dem Makrokosmos zu vergleichen. Die Astralebene hingegen mit dem Mikrokosmos zu vergleichen, auf der auch Verstorbene und verschiedenste Astralwesen mit uns kommunizieren ist wesentlich spezifischer, emotionaler. Sie ist erdnaher. Ich kann die Unterschiede an den Antworten bemerken. Beide sind auf ihre Weise wunderschön.

Wie so oft reiste ich nach deinem Übergang in unsere Seelenheimat. Ich erhielt immer wieder aufs Neue eine schelmische und zugleich liebevolle – nicht zu überhörende – Einladung von dir.

Der nächste Schritt

Ungefähr ein Jahr nach deinem Übergang teiltest du mir kurz und bündig mit: »Mein Schnuckilein, du hast jetzt ein Jahr Zeit gehabt, zu trauern, und ich bin für dich da. Doch es ist jetzt an der Zeit, einen Schritt weiterzugehen. Ich habe viele Fragen, möchte mit dir weiterforschen und gemeinsame Projekte realisieren. Lass uns zum nächsten Schritt übergehen.«

Frei nach dem Motto: Jetzt geht es wieder voran. Ja, so kannte und kenne ich dich. Du hast wie immer viel vor. Ich liebe es, dass du dich mir zeigst. Und auf deine Weise, durch deine Impulse stehen wir in einer Art Dauerkontakt – es hat sich daran nichts geändert. Wichtig ist mir an dieser Stelle mitzuteilen, all das geschieht im Rahmen meines freien Willens.

Was jedoch alles noch kommen wird, steht im wahrsten Sinne in den Sternen geschrieben – auch wenn du einiges angekündigt hast. Ich freue mich auf unser gemeinsames Weiterforschen.

Deine letzten Worte – eine Zusammenfassung

Zum Schluss lasse ich dich nochmals zu Wort kommen. Indem ich mich mit der Frage an dich wende, ob dieses Werk für dich stimmig ist – du noch etwas ergänzen oder ändern möchtest? Oh, wie liebtest du es, das letzte Wort zu haben. Und ich liebe es, dass du es hast.

Harald: Die zentrale Botschaft dieses Buches ist, dass Liebe alles überwindet, Liebe grenzenlos ist, weil Liebe ist. Liebe liebt. Liebe fragt nicht. Liebe ist. All das, wir uns zusammen an Wachstum vorgenommen haben, ist erfüllt. Das Resümee ist daraus gezogen, und es gibt an sich nichts mehr hinzuzufügen, außer dass Liebe alles umfasst. So war unser Zusammensein zwar kurz jedoch sehr effizient. Effizient in der Art und Weise, dass wir in kürzester Zeit das geschafft haben, wozu wir uns getroffen haben. Und wir haben eines bemerkt: Wenn auf Sonnenschein ein Gewitter aufgezogen ist, war es doch in absehbarer Zeit wieder vorbei. Letztendlich diente dieses, unser Gewitter, dazu, dass Wachstumsimpulse, die wir gegenseitig angeregt haben, durch unser So-Sein, auch vollzogen wurden. Der größte Wachstumsschritt war unser letzter. Ich weile hier und nehme dich wahr, weil ich in dir bin.

Wir waren beide unsere größten Liebeslehrer. Nicht nur ich deiner, sondern du auch meiner. Du hast mir eines gezeigt: Liebe ist stärker als jede

Angst. Du hast mich in einer Art und Weise ergänzt, wie ich es mir immer wünschte. Und doch war unser Weg voller Herausforderungen, wobei eines immer klar war, unsere tiefe Liebe. Unaufhaltsam geradeaus gingen wir beide unseren Weg. Dies bewundertest du an mir und ich an dir. Und das Beste kommt zum Schluss. Es muss noch eine Metapher hinein:

Kleckern gehört zum Handwerk.

Ein Mensch, der nicht kleckert, weiß nichts über das Leben. Kleckern entspannt die Atmosphäre, hilft, Energien, die sich angestaut haben, einfach loszulassen. Letztendlich ist dies eine Metapher dafür, dass wir alle nicht perfekt sind und auch nicht perfekt sein müssen. Selbst wenn ich zu Lebzeiten diesen Perfektionsanspruch in mir hatte und du ihn auch in dir hast, sage ich dir, liebe deine Fehler, denn sie führen dich zur Einsicht. Es sind die kleinen Anekdoten und die kleinen Fehler, die das Leben schreibt, als immerwährende Erinnerung. Das Leben ist nicht perfekt. Und es ist auch nicht das Ziel. Der Vorteil an der astralen Ebene ist, sie ist viel leichter zu erreichen und braucht gar nicht diese intensive Vorbereitung wie die Kausalebene. Das heißt, ich bin viel schneller zu erreichen, als ihr glaubt. Ehe ihr es euch verseht, bin ich wieder da. Im Grunde genommen war ich nie weg.

NACHWORT

Nur durch die Liebe und den Tod,
berührt der Mensch das Unendliche.

Was seitdem geschah

Jetzt bist du schon über ein Jahr nicht mehr auf der physischen Ebene und unser nichtirdischer Kontakt ist stärker denn je. Auf der menschlichen Ebene gibt es immer noch und immer wieder Momente, in denen ich dich zutiefst vermisse.

Du bist in meiner Welt für so vieles zuständig, und wie zu deinen Inkarnationszeiten, erledigst du meine Anfragen schnell und zuverlässig. So bist du nicht zuletzt für das Wetter zuständig, und was soll ich sagen, es funktioniert immer.

So zeigst du dich mir auf so vielerlei Art und Weise: über unsere Lieder, die plötzlich wie aus dem Nichts erklingen, als Vogel, einer Tür, die zugeht, die nicht zugehen konnte, über das Flackern von Licht, einer deutlichen Umarmung, (d)eines Geruchs, der plötzlich in meine Nase steigt. Das sind nur einige von unzähligen Beispielen. Du tröstest, wo es nur geht. Obwohl du deine irdische Reise längst abgeschlossen und du dich auf einer kosmischen Ebene befindest, ist doch ein Teil von dir in mir. Ich habe Vorlieben und Wesenszüge, die eher dir entsprachen. Wir sind wirklich Eins.

Eine deiner letzten Aussagen war: »My love, there's so many ways I want to say I love you«. Im Grunde genommen habe ich durch unsere Begegnung eines erfahren: Das, was ich einst für Liebe gehalten habe, war keine Liebe, und was ich nicht für Liebe gehalten habe – war ein reiner Liebesakt. Liebe macht alles möglich. Liebe ist kein Gefühl und hat nichts mit Romantik zu tun, und das aus der Feder einer absoluten Romantikerin. Liebe ist ein Seinszustand. Durch unsere Liebe habe ich zu meiner Liebe gefunden. Wenn ich herausfalle, holst du mich zurück – in mir. Du bist und bleibst mein größter Liebeslehrer – über deinen Tod hinaus. Wir tauschen uns täglich aus. Immer neue Impulse erreichen mich.

Ich möchte noch anmerken, dass wie in unserem Fall seelische Begegnungen durchaus auch lustige Anekdoten miteinschließen. Wir waren allzu oft einfach unfreiwillig komisch. Letztendlich ist diese Illusion ein

Traum – indem wir spielen. Für mich war es eine seelische Freude, ein seelisches Fest, dich, meinen Seelenzwilling, zu treffen. Glück, keinerlei Last, auch wenn es zuweilen sehr herausfordernd war. Denn neben allen intensiven Wachstumsimpulsen ist das Kennzeichen dieser tiefen Verbindung: »Liebe und Inniglichkeit, ein großes Glück und eine Freude, die aus einem inneren Raum entsteht.«

Denn viele werden sich bei diesem Buch fragen: Gibt es meinen Seelenzwilling? Und wenn ja, ist er inkarniert? Und wenn ja, wie wird es, wenn ich ihn oder sie treffe? Und oft wird dies mit dem Drama der karmischen Verbindungen verwechselt. Es geht, noch einmal, bei Seelenzwillingen nicht um eine Behinderung des Inkarnationsplanes, einer Vereitelung der Lebenschancen, sondern um intensivste Wachstumserfahrungen. Einen großartigen Bewusstseinsschub.

Es geht darum, dass die Existenz insofern transformiert wird, dass sie mehr wird. Es ist ein Akt von Fülle, nicht von Mangel. Es findet eine enorme Bewusstseinentwicklung im inkarnierten und darüber hinaus statt, und dieses möchte mit der Welt geteilt werden. All das, was wir miteinander geteilt haben, war mir eine große Freude. Wir erfuhren Fülle in unserem ganzen Dasein. Ein großartiges Seelenfest.

Das Einzige, was diese Inkarnation überdauern wird, ist das gewonnene Bewusstsein – von ganzem Herzen danke ich dir für dich, für diesen unglaublichen Entwicklungsschub. Für deine Liebeslehrer-Funktion, die du als mein Mann und Seelenzwilling so präzise übernommen hast. Die Spur, die du meinem Herzen hinterlassen hast, ist unbezahlbar.

Und wieder einmal darf ich erfahren: Das Leben ist perfekt designt.

Dein Tod ist nicht unser Ende. Meine große Liebe – mein wunderschönes Herz – Liebe meines Lebens. Ein Zyklus hat sich geschlossen und ein neuer beginnt bereits – wohlgemerkt für uns beide.

In Liebe. Ich liebe. Für immer.

Von der Liebe

Wenn die Liebe dir winkt, folge ihr, sind ihre Wege auch schwer und steil.

Und wenn ihre Flügel dich umhüllen, gib dich ihr hin,
auch wenn das unterm Gefieder versteckte Schwert dich verwunden kann.

Und wenn sie zu dir spricht, glaube an sie,
auch wenn ihre Stimme deine Träume zerschmettern kann,
wie der Nordwind den Garten verwüstet.

Denn so, wie die Liebe dich krönt, kreuzigt sie dich.
So wie sie dich wachsen lässt, beschneidet sie dich.

So wie sie emporsteigt zu deinen Höhen
und die zartesten Zweige liebkost, die in der Sonne zittern,
steigt sie hinab zu deinen Wurzeln
und erschüttert sie in ihrer Erdgebundenheit.

Wie Korngarben sammelt sie dich um sich.
Sie drischt dich, um dich nackt zu machen.
Sie siebt dich, um dich von deiner Spreu zu befreien.
Sie mahlt dich, bis du weiß bist.
Sie knetet dich, bis du geschmeidig bist;
und dann weiht sie dich ihrem heiligem Feuer,
damit du heiliges Brot wirst für Gottes heiliges Mahl.

All dies wird die Liebe mit dir machen,
damit du die Geheimnisse deines Herzens kennenlernst
und in diesem Wissen ein Teil vom Herzen des Lebens wirst.

Aber wenn du in deiner Angst nur die Ruhe und die Lust der Liebe suchst,
dann ist es besser für dich, deine Nacktheit zu bedecken
und vom Dreschboden der Liebe zu gehen.
In die Welt ohne Jahreszeiten,

wo du lachen wirst, aber nicht dein ganzes Lachen,
und Weinen, aber nicht all deine Tränen.

Liebe gibt nichts als sich selbst und nimmt nichts als von sich selbst.

Liebe besitzt nicht, noch lässt sie sich besitzen;

Denn die Liebe genügt der Liebe.

Und glaube nicht, du kannst den Lauf der Liebe lenken,
denn die Liebe, wenn sie dich für würdig hält, lenkt deinen Lauf.

Liebe hat keinen anderen Wunsch, als sich selbst zu erfüllen.

Aber wenn du liebst und Wünsche haben musst,
sollst du dir dies wünschen:
Zu schmelzen und wie ein plätschernder Bach zu sein,
der seine Melodie der Nacht singt.

Den Schmerz allzu vieler Zärtlichkeit zu kennen.
Vom eigenen Verstehen der Liebe verwundet zu sein;
und willig und freudig zu bluten.

Bei der Morgenröte
mit beflügeltem Herzen zu erwachen
und für einen weiteren Tag des Liebens dankzusagen;

Zur Mittagszeit zu ruhen
und über die Verzückung der Liebe nachzusinnen;

Am Abend mit Dankbarkeit heimzukehren;
Und dann einzuschlafen
mit einem Gebet für den Geliebten im Herzen
und einem Lobgesang auf den Lippen.

KHALIL GIBRAN

Danksagung

Ich danke euch aus tiefstem Herzen:
Allen voran dir, meinem geliebten Mann, Seelenzwilling und Liebe meines Lebens: Für unseren gemeinsamen Weg und deine immerwährenden Impulse der Liebe und Weisheit, du hast mich tief inspiriert. Wir sind eins. Für immer. Bis zur nächsten Begegnung.

Lazarus vom Sirius mit deinem kosmischen Team: Für eure unerschütterliche Liebe und unsere Verbindung, eure Weisheit, euren Humor und euer Vertrauen in mich als Medium. Ich fühle mich gesegnet, eure Weisheit empfangen zu dürfen.

Meiner Tochter Victoria für dein inspirierendes Mitwirken.

Allen wundervollen Engeln, die mich nach deinem Übergang begleitet haben; allen voran: meiner wundervollen Lehrerin. Ohne euch würde ich heute nicht stehen, wo ich stehe.

Und allen liebevollsten Mitgliedern der Cosmic-Tower-Familie, die Harald mit all ihrer Liebe, Kraft und Hingabe in seiner Mission unterstützt haben. In jedem einzelnen Tower ist er bei euch. Für immer.

Bibliografie

Hasselmann, Dr. Varda & Schmolke, Frank: Die Archetypen der Seele – Die seelischen Grundmuster – Eine Anleitung zur Erkundung der Matrix; Goldmann Verlag 2010

Hasselmann, Dr. Varda & Schmolke, Frank: Die Seelenfamilie – Sinn und Struktur seelischer Beziehungen; Goldmann Verlag 2001

Thiers, Antje & Brink Ute: Projekt Terra 2: Botschaften aus dem Licht vom Sirius – Eine Bewusstseinsschule der neuen Zeit
Band 1 – Die 7 Schlüssel zum erwachten Bewusstsein

Thiers, Antje & Brink Ute: Projekt Terra 2: Botschaften aus dem Licht vom Sirius – Eine Bewusstseinsschule der neuen Zeit
Band 2 – Der Ausstieg aus dem Matrix-Spiel
10 Wege zur persönlichen Meisterschaft

Thiers, Antje & Brink Ute: Projekt Terra 2: Botschaften aus dem Licht vom Sirius – Eine Bewusstseinsschule der neuen Zeit
Band 3 – Den Himmel mit der Erde verbinden
Ein alchemistischer Prozess der Verkörperung

Bildnachweis

Becker, Thomas Visual Art: S. 31, 107, 138, 139
Skitterphoto von Pexels, Close up Photo of Spider Web With Water Dews: S. 55
Spenger, Christoph Fotograf: S. 11, 17, 19, 39, 41, 53, 59, 61, 71, 73, 97, 105, 115, 129

Über die Autorin

Antje Thiers, Jahrgang 1971, wuchs in Leipzig auf. Sie ist Mutter von Zwillingen. Sie ist von Kindheit an mit ihren medialen Fähigkeiten vertraut und liebt es, von ihrem wissensdurstigen Forschergeist angetrieben, den Kosmos in all seinen Facetten zu durchdringen. Intensive Transformationserfahrungen begleiten sie seit Anbeginn.

Knapp drei Jahrzehnte arbeitete sie im Bereich Potenzialentwicklung als selbstständige Seminarleiterin und Coach für nationale und internationale Unternehmen.

Die Geburtswehen für ihr heutiges Sein und Wirken stellte eine Tumorerkrankung dar, die ihre gesamte Existenz transformierte.

Seit 2019 arbeitet sie als Medium. Gemeinsam mit ihrem geistigen Forschungsteam rund um Lazarus vom Sirius übermittelt sie bewusstseinserweiternde Botschaften. Sie ist Autorin der Buchreihe »Projekt Terra 2 – Eine Bewusstseinsschule der neuen Zeit«.

Die (Wieder-)Begegnung mit ihrem geliebten Seelenzwilling hat ihr Leben zutiefst transformiert. Seit seinem plötzlichen Ableben setzt sie mit ihm auf der nichtirdischen Ebene fort, was sie hier gemeinsam begonnen haben. Er ist für sie allgegenwärtig.

Gemeinsam gehen sie jetzt den nächsten Schritt und setzten jenseits des Irdischen den Weg der Liebe fort – bis zur nächsten Wiederbegegnung.

> *Wenn du einmal den Geschmack der Liebe erfahren hast,*
> *gibt es kein Zurück mehr.*

Kontaktmöglichkeiten

antjethiers.de / terra-2.de / kontakt@antjethies.de / kontakt@terra-2.de

140

Über Harald Thiers

Harald Thiers, 1961–2023, wuchs in Görlitz auf. Er war ein Wahrheitssuchender. Von seinem unermüdlichen Forscher- und Freigeist angetrieben, bestand seine Mission in der gesundheitlichen, geschichtlichen und geopolitischen Aufklärung und darin, wie er selbst sagte, »zur Rettung der Menschheit beizutragen«.

Er war ein Leuchtturm in der Brandung – genau wie jeder einzelne Cosmic Tower. Sein großartiger Beitrag hat das Lichtvolle in der Welt gestärkt. Entstanden sind ein Netz der Liebe, des Lichtes und eine herzvolle Community.

Und er war (m)ein wundervoller Mann, eine lichtvollste Seele mit einem Herzen aus Gold. Er hatte höchste Ideale, tauchte in die größten Tiefen hinab und wuchs dabei über sich selbst hinaus.

Am Ende seines Lebens hatte er gefunden, wonach er suchte, und in vielerlei Hinsicht seinen jahrtausendealten Auftrag sowie sein Karma erfüllt. Er ging in Liebe und Frieden durch das Tor in die grenzenlose Freiheit, nach Hause.

Sein leuchtender Geist und sein gütiges Herz, sein unendlich kostbares Wirken, seine Weitsicht, sein unerschütterlicher Mut sowie seine einzigartige Liebe werden weiterleben.

Hadert nicht mit meinem Weggang,
sondern führt auf eure Weise fort, was ich einst begonnen habe.
Jetzt wirke ich aus einer anderen Dimension weiter.
Ich bin nicht weg, sondern bei euch, immerfort in Liebe verbunden.

Projekt Terra 2

**Botschaften aus dem Licht vom Sirius –
Eine Bewusstseinsschule der neuen Zeit**

Band 1 – Die 7 Schlüssel zum erwachten Bewusstsein

Im Frühjahr 2019 nahm Lazarus mit seinem sirianischen Forschungsteam erstmals Kontakt zu Antje Thiers auf, um über das globale Geburts- und Bewusstseinsaufstiegsprojekt zu informieren. Ihr Auftrag: das Wissen des Teams in mehreren Bänden zu veröffentlichen. Lazarus erklärte: »Unser Forschungsprojekt Terra 2 begann 1972, endet 2030 und zielt darauf ab, euer Bewusstsein zu schulen und euch vollständig erwachen zu lassen. Wir möchten euch helfen, euch an euer wahres Wesen, eure Fähigkeiten und Bestimmung zu erinnern, denn zwischen eurem Potenzial und eurem gelebten Leben besteht eine große Kluft. Ihr steht vor einem evolutionären Sprung, den ihr seit Jahrtausenden vorbereitet. Unser Ziel ist es, euch bei eurem Quantensprung und dem Ausstieg aus der Matrix zu unterstützen. Ihr seid nicht allein!« Mithilfe der sieben Schlüssel führen Lazarus und sein Team durch einen Prozess, der unser Bewusstsein anhebt und uns ermöglicht, schöpferisch zu leben, unser spirituelles Potenzial auszuschöpfen und Selbstermächtigung zu erlangen. So erinnern wir uns an unsere Bestimmung und setzen sie um. Die Inhalte des Buches, einschließlich der Fragen, entstanden durch mediale Sitzungen in Zusammenarbeit mit der Co-Autorin.

ISBN: 978-3-347-43374-8   (Paperback)
ISBN: 978-3-347-43375-5   (Hardcover)
ISBN: 978-3-347-43376-2   (E-Book)
Auch als Hörbuch erhältlich

Band 2 – Der Ausstieg aus dem Matrix-Spiel
10 Wege zur persönlichen Meisterschaft

Lazarus und sein sirianisches Forschungsteam begleiten euch im zweiten Band der Reihe »Projekt Terra 2 – Lichtbotschaften vom Sirius – Eine Bewusstseinsschule der neuen Zeit« durch die zehn wichtigsten Muster eurer alten Matrix-Spiele in zwischenmenschlichen Beziehungen. Die Inhalte, einschließlich der Fragen, wurden medial empfangen und durch Beiträge der Co-Autorin ergänzt. Wiederholungen erinnern euch daran, wer ihr seid und wozu ihr fähig seid. Besonders die Energie zwischen den Zeilen soll euch tief berühren.

Lazarus & Team über Band 2: Unser Ziel ist es, euch mit diesem Werk zu ermutigen, eure alten Matrix-Muster endgültig zu verlassen. Es führt euch Schritt für Schritt durch einen Bewusstseinsprozess, der eure Muster aufdeckt und Wege zu deren Auflösung zeigt, um euer volles Beziehungspotenzial zu entfalten und Meisterschaft in zwischenmenschlichen Beziehungen zu erlangen. Wie immer betonen wir: Das Beste kommt noch! Ihr seid nicht allein.

Dieses Buch wurde mit Lichtenergie geschrieben – für das ewige Licht in euch. Möge euer Licht die Welt erhellen und das Universum bereichern..

ISBN: 978-3-347-43186-7 (Paperback)
ISBN: 978-3-347-43187-4 (Hardcover)
ISBN: 978-3-347-43188-1 (E-Book)
Auch als Hörbuch erhältlich

Band 3 – Den Himmel mit der Erde verbinden
Ein alchemistischer Prozess der Verkörperung

Im dritten Band der Reihe »Projekt Terra 2« wollen euch Lazarus und sein Forschungsteam erneut an eure Verbindung zu eurem Sternenvolk und euer kosmisches Potenzial erinnern. Euer gesamtes Dasein erfährt ein kosmisches, aus eurer Sicht energetisches Upgrade. Werdet euch bewusst, was dabei Einmaliges geschieht: Ihr macht als Abgesandte eures Sternenvolks in erster Linie eine menschliche Erfahrung. Das bedeutet: Ihr seid nicht allein. Denn wir, euer Sternenvolk, warten nur darauf, mit euch in Kontakt zu treten, um mit und durch euch gemeinsam wirken zu können, wenn ihr euer kosmisches Bewusstsein mit eurem Körper verbindet. Wir nennen diesen einzigartigen Vorgang: »Den Himmel mit der Erde verbinden«.

ISBN: 978-3-347-96577-5 (Paperback)
ISBN: 978-3-347-96578-2 (Hardcover)
ISBN: 978-3-347-96579-9 (E-Book)
Auch als Hörbuch erhältlich